高等职业教育电子商务类专业系列教材

直播电商运营

主　编　卓　佳　曾　静
副主编　陈幸吉
参　编　陈梓盟　吴雪莲

机械工业出版社
CHINA MACHINE PRESS

本书聚焦我国中西部地区"三农"、文旅等经济社会民生重要领域，内容分为直播电商底层逻辑基础和直播电商运营实务两大部分。其中，直播电商底层逻辑基础部分包含团队建立、账号定位等项目；直播电商运营实务部分根据直播电商运营典型工作流程，包含从选品、脚本和话术策划，到场景搭建、宣传引流，再到直播实施和直播复盘等项目。本书采用项目—任务—子任务的项目化教材编写结构，内容构思体现"岗课赛证"融合、课程思政、信息化手段运用等高等职业教育新理念、新标准和新做法，内容设计与行业产业紧密结合，旨在培养符合现代产业发展需求的高技能人才。

本书可作为高职院校电子商务、市场营销及相关专业直播电商、新媒体营销类课程配套教材，同时可供网络营销从业和创业者学习参考，也可作为各培训机构的培训教材。

图书在版编目（CIP）数据

直播电商运营 / 卓佳，曾静主编． -- 北京 ：机械工业出版社，2025.5． --（高等职业教育电子商务类专业系列教材）． -- ISBN 978-7-111-78176-9

Ⅰ. F713.365.2

中国国家版本馆 CIP 数据核字第 2025XY9644 号

机械工业出版社（北京市百万庄大街 22 号　邮政编码 100037）
策划编辑：孔文梅　　　　　责任编辑：孔文梅　马新娟
责任校对：闫玥红　丁梦卓　封面设计：鞠　杨
责任印制：张　博
固安县铭成印刷有限公司印刷
2025 年 6 月第 1 版第 1 次印刷
184mm×260mm・12.75 印张・326 千字
标准书号：ISBN 978-7-111-78176-9
定价：49.50 元

电话服务　　　　　　　　　网络服务
客服电话：010-88361066　　机 工 官 网：www.cmpbook.com
　　　　　010-88379833　　机 工 官 博：weibo.com/cmp1952
　　　　　010-68326294　　金　书　网：www.golden-book.com
封底无防伪标均为盗版　　机工教育服务网：www.cmpedu.com

前言

总体定位

当前，直播电商已经成为数字经济的重要领域，直播电商行业催生新业态、新岗位、新技术、新规范，对相关专业技术技能人才培养提出了更高的要求，贯彻直播电商人才培养"岗课赛证"综合育人新模式成为专业和课程发展的必然趋势。直播电商发起并兴盛于我国东部沿海发达地区，而随着中西部欠发达地区对于直播行业人才的需求日益增长，特别是大量的农、文、旅类项目的孕育和资源的开发，编写符合当地民情的配套教材及其他教学资源，成为推动时代发展的强烈需求。

编写设计

编者致力于直播电商领域教学改革探索，在一定周期的教学实践基础上编写本书。本书内容积极贯彻"岗课赛证"综合育人理念，以就业为导向，根据电商直播行业企业工作流程和相关岗位职业标准设计教学大纲、项目任务要求和评价标准；融入互联网营销师等职业技能等级认证标准，对应互联网营销师考证，提高证书获取过关率；同时，对接全国职业院校技能大赛直播电商、电子商务等主要赛项规程，提高学生比赛竞争力，从而全面提升专业核心素养。

本书根据直播电商运营典型工作流程组织整体内容框架，总体上采用项目—任务—子任务的项目化教材逻辑思路。各项目相对独立，任务间环环相扣。本书共设置11个项目，项目一～项目三主要侧重于筑牢直播电商底层逻辑基础，意在为直播运营的实施做好铺垫，包括基础知识的了解、直播电商运营团队的构建，以及直播账号的定位选择；项目四～项目十一为直播电商运营实务，围绕直播"人货场"的策划和具体筹备，开展宣传引流，在测试后台和演练模拟后，正式实施直播，并开展播后复盘的全流程。

本书各项目内容编写顺序为：项目名称—学习目标—赛证对接—任务名称—任务描述—知识储备—任务实操（含各子任务）—拓展训练（含知识拓展、习题训练等）。在前期教学实践基础上，编者整理了大量有针对性和可操作性较强的子任务作为本教材主要支撑，各子任务按照任务要求—任务表单—任务评价的顺序编写。项目化内容设计体现让学生"学中做，做中学"的高职教育核心要义，任务要求中明确岗位职责和子任务间的相互衔接，任务评价设置多维评价方式，精准把握高职最新教育教学方法手段。

编写特色

1. 定位鲜明有特色

本书的定位是为我国中西部欠发达地区培养符合当地民情、"善运营、有情怀、守规则、懂审美"的直播电商行业人才，侧重于农、文、旅类项目的开发和运营，具有一定的时代意义和区域适应性。

2. 系统化设计"岗课赛证"融通和课程思政体系

本书从整体角度出发，系统设计"岗课赛证"融通和课程思政体系，落实于细节之处。"岗课赛证"融通方面，开篇展示项目主要对接职业技能等级标准和技能竞赛标准，随后知识储备、任务实操、拓展训练等环节，结合学生学情特点，以情景化教学手段自然贯穿全过程。课程思政方面，本书结合课程总体定位和培养目标，提炼了"家国情怀、匠心精神、规则意识、审美情趣"的课程思政主线，在教学目标设定、知识点思政案例和探讨、实践环节任务和考核指标设计、课后拓展等环节有机融入思政元素。

3. 校企双元，强化应用

书中列举了部分校企合作企业真实项目案例，项目和任务的设置为校企合作项目选择和课堂教学预留了充分自由的空间；增加了后台操作模块部分内容，提供了大量合作企业实体运营电商直播账号操作文字说明和图示，增强了教材的实操应用性。

4. 资源同步，形式丰富

本书将配套智慧职教上的学习资源库，组班授课可通过慕课等形式组织线上学习。读者也可扫描书中的二维码，即可观看知识点微课、动画视频、案例讲解，简单直观，操作方便，形式多样。同时，本书还提供PPT、教案、试题答案等配套资料，方便用书老师教学。

除了在线开放课程资源，教材使用和教学过程中还需要灵活调用各种资源和工具，教学全过程使用投屏软件、职教云或学习通和微信群，宣传引流项目中使用美图秀秀、Photoshop等修图工具和剪映等剪辑软件，课后拓展环节可用到直播营销竞赛实训平台。另外，抖音、微信视频号等主流直播平台也可成为教学训练使用平台。

教学建议

本书为高职院校电子商务、市场营销及相关专业的电商直播、新媒体营销类课程配套教材，同时可供网络营销从业人员如"三农"、文旅类项目创业者学习参考，还可作为各培训机构的培训教材。其中，高职课堂授课建议课时为48课时。

编写组织

本书由泸州职业技术学院卓佳、曾静任主编，陈幸吉任副主编，陈梓盟、吴雪莲参编。具体分工如下：卓佳编写项目一、项目四、项目六、项目八，曾静编写项目二、项目九、项目十一，陈幸吉编写项目三、项目七，陈梓盟编写项目五，吴雪莲编写项目十。本书还得到了泸州市电子商务产业协会、成都快邦电商学院、沈酒传媒股份有限公司等的大力支持与帮助，在此深表感谢。

为方便教学，本书配有电子课件等配套教学资源。凡使用本书的教师均可登录机械工业出版社教育服务网www.cmpedu.com下载。咨询电话：010-88379375；或加入QQ群：726174087。

尽管我们在编写过程中力求准确、完善，但由于编者水平有限，加之直播电商行业发展变化较快，书中可能还有不完善之处，恳请读者批评指正，在此深表谢意！

编　者

二维码索引

名称	二维码	页码	名称	二维码	页码
直播的含义		2	账号基础信息设置		40
直播电商运营模式		4	主播人设定位		44
主要的直播平台		8	直播商品定位和结构		57
直播团队组织架构		18	直播目标确定		65
电商主播职业能力素养		22	编排直播流程		70
建立直播账号和IP定位		35	策划直播脚本		73
直播账号定位的手段和方法		37	直播互动玩法的主要类型		82
直播账号定位原则		38	直播红包发放技巧		82

（续）

名称	二维码	页码	名称	二维码	页码
粉丝运营		91	直播设施设备		138
直播宣传引流渠道		98	直播贴片制作		155
制作直播引流短视频		104	测试直播后台		164
上传直播引流短视频		105	直播前准备		172
直播话术"四步法"		126	直播复盘数据来源		181
直播仪态礼仪		132			

目录

前言

二维码索引

项目一　走进直播电商运营，构建底层逻辑框架 1
任务 1　走进直播电商和直播电商运营 2
任务 2　了解主要的直播平台 7
任务 3　理解直播平台流量分配机制 11

项目二　构建直播电商团队，发挥协作高效能 17
任务 1　搭建直播电商团队 18
任务 2　了解直播主要岗位职业能力素养要求 21
任务 3　知晓直播从业道德规范 28

项目三　定位直播电商账号，锚定垂直运营方向 34
任务 1　建立直播账号 35
任务 2　定位直播 IP 账号 37
任务 3　打造主播人设 44

项目四　选择和规划直播商品，提高订单转化率 50
任务 1　选择直播商品 51
任务 2　定位直播商品和规划结构 56

项目五　策划直播脚本，厘清直播思路 64
任务 1　了解直播实施步骤 65
任务 2　编排直播流程 70

任务 3　策划直播脚本全案 73

项目六　设计直播互动玩法，汇聚流量人气 79
任务 1　玩法提升直播间互动氛围 80
任务 2　做好粉丝运营管理 91

项目七　站内外宣传引流，多效并举引流直播间 97
任务 1　策划直播宣传预热方案 98
任务 2　制作针对性强的直播引流短视频 103
任务 3　设计吸睛的直播封面图和标题 106

项目八　设计与展现直播话术，提升直播营销力 115
任务 1　认识常用直播话术 116
任务 2　提升直播话术技巧 124
任务 3　展现直播话术 130

项目九　搭建直播场景，赋能直播观感 137
任务 1　选择直播设施设备 138
任务 2　布置直播场地 145
任务 3　美化直播场景 153

项目十　测试直播后台和实施直播，流量变现步步为营 162
任务 1　测试直播后台 163
任务 2　准备和实施直播 172

项目十一　复盘分析，优化直播 179
任务 1　了解直播复盘数据来源和分析常用指标 180
任务 2　总结优化复盘直播 189

参考文献 193

项目一
走进直播电商运营，构建底层逻辑框架

学习目标

知识目标

- ◎ 了解直播电商和直播电商运营的含义、优势
- ◎ 掌握常见的直播电商运营模式
- ◎ 了解直播电商收益模式
- ◎ 知晓主要的直播平台和主要变现模式
- ◎ 理解直播平台流量分配机制

能力目标

- ◎ 能对直播创业模式、平台选择等问题进行预判和分析

素质目标

- ◎ 树立对直播电商行业的初步认同
- ◎ 培养家国情怀
- ◎ 激发创新创业意识
- ◎ 培养知行合一的学习态度

赛证对接

网络直播运营职业技能等级标准

版本：2021 年 1.0 版
制定方：中广协广告信息文化传播有限责任公司
职业技能等级：中级

工作领域	工作任务	职业技能要求
2. 内容运营	2.1 直播平台的选择与使用	2.1.1 具备平台规则的学习能力，能区分常见直播平台各项功能 2.1.5 遵守国家法律法规和平台规则，遵从行业行为规范

任务 1　走进直播电商和直播电商运营

任务描述

随着直播电商带货模式的兴起，越来越多的人卷入这场时代的浪潮中，也为更多拥有创业梦想的人提供了参考。例如想要推广家乡的特色产品，仅仅通过线下传统渠道是不够的。如果想要创业，以直播推广运营的方式实现，那么首先需要理解直播商业模式的内涵和操作原理。这一任务我们就来了解直播电商和直播电商运营吧！

知识储备

在当前信息广泛传播的网络时代，静态的图文内容越来越难吸引用户的注意力，而直播是以视频的形式向用户传递信息，其表现形式不仅立体化，还能实现实时互动，更容易吸引用户的注意力，所以直播获得了很多人的青睐。随着直播行业的蓬勃发展，企业或品牌商纷纷运用直播来开展营销活动，实现销售渠道的开拓和销售额的提升。

传统意义上的直播，指广播电视节目的后期合成与播出同时进行，如以电视或广播平台为载体的体育比赛直播、文艺活动直播、新闻事件直播等。基于互联网的直播，则是用户以某个直播平台为载体，利用摄像头记录某个事件的发生、发展进程，并在网络上实时呈现的形式，其他用户在相应的直播平台上能够直接观看并进行实时互动。当前人们所说的直播，多数情况下是基于互联网的直播，本书所讲的直播也是基于互联网的直播。

直播作为一种全新的内容表现形式，在丰富互联网内容表现形式的同时，也为企业或品牌商带来了一种全新的营销方式——直播电商。直播电商是指企业或品牌商以直播电商平台为载体进行品牌推广和商品营销，以提升品牌影响力和商品销量的一种营销活动。

直播的含义

一、直播电商的要素、发展历程和优势

（一）直播电商的要素

基于互联网的直播电商，通常包括场景、人物、产品、创意四大要素。

第一是场景，企业需要用直播搭建销售场景，让观众仿佛置身其中。

第二是人物，主播或嘉宾是直播的主角，其定位需要与目标受众相匹配，并友好地引导观众互动、转发或购买。

第三是产品，企业产品需要巧妙地植入主播话术、道具、互动之中，从而达到企业营销软性植入直播的目的。

第四是创意，网民用户对于常规的"歌舞晚会""朗诵直播"等已经审美疲劳，新鲜的户外直播、互动提问、明星访谈等都可以为直播效果加分。

（二）直播电商的发展历程

总体上讲，直播电商的发展分为三个阶段：

阶段一：萌芽期（2016—2017年）

2016年，直播电商带货开始崭露头角。该年被业界称为"直播元年"，映客、一直播、斗鱼、腾讯直播等直播平台陆续获得风险投资的助推，以腾讯为代表的BAT①的加入更让直播受到社会关注。这个时期，以网红、明星为代表的直播者在电商平台上通过直播形式向消费者推荐和销售产品。此时的直播带货还处于萌芽阶段，参与的商家和消费者还比较少。

阶段二：发展期（2018—2020年）

到了2018年，随着社交电商的快速发展和短视频平台的崛起，直播电商开始被更多的商家和消费者接受。这个时期，直播带货的商业模式逐渐成熟，各大电商平台和内容平台纷纷布局直播带货领域。同时，政府也开始出台相关政策，规范直播电商行业的发展。

阶段三：爆发期（2021年至今）

2021年，随着5G移动网络的普及和短视频的流行，直播电商进入爆发期。这个时期，直播电商在消费者生活中的地位越来越重要，逐渐成为人们购物的主要方式之一。技术革新带来了直播行业的变革，出现了无人直播、虚拟直播等新的形式。同时，政府也对直播电商行业进行了更加严格的监管，从而推动了业态的健康持续发展。

（三）直播电商的优势

1. 提升用户参与感

日常生活中看到的不论是图文广告还是视频类广告，都是提前制作好的成品，制作过程需要花费一定的时间和精力，成品质量也比较精良，能够吸引许多受众，但是对于用户来说只有接受行为，而没有参与行为，有一定的距离感。在企业推广产品的过程中，如果不建立社交关系，刻意推销产品，很难将产品信息有效推送给顾客，甚至会引起顾客的厌烦心理。而直播电商为销售主体以外的参与者赋权，用户在场域内拥有话语权，与销售主体处于更加平等的交流位置。直播由于是即时性内容传播，用户能够直接观看到模特试穿、主播试吃，可以在内容产生过程中发表自己的言论，能够与内容生产者进行良好的互动，提升用户的参与感。

2. 开展即时沟通

直播电商过程中，在内容生产的这个时间段里，用户可以通过直播平台的公屏弹幕直接发表自己的意见，不仅可以与内容生产者进行交流，也可以和观看直播的其他用户进行沟通、传达意见，以致产生情感共鸣。这个是其他营销渠道难以实现的。在短视频广告下，用户只能通

---

① BAT指中国互联网公司三巨头，即百度公司（Baidu）、阿里巴巴集团（Alibaba）和腾讯公司（Tencent）。

过评论或私信的形式发表看法，但内容生产者很难对评论进行即时性回复，这样不利于沟通，不利于及时解答用户对内容的疑问。在这个信息碎片化的时代里，在去中心化的语境下，人们在日常生活中的交集越来越少，尤其是情感层面的交流越来越浅，直播电商模式能够较好地实现情绪相互感染，达成情感气氛上的高位时刻，如果品牌能在这种氛围下恰到好处地推波助澜，其销售效果也会显著提升。

3. 销售效果直观呈现

通过直播电商形式，销售的效果和成果可以直观地呈现出来，一场直播中，有多少人进入直播间，多少人实时在线，多少人点击关注，多少人加入粉丝团，多少人发起评论，多少人点击购物车，多少人点击购买，多少人下单，所有数据后台都可以获取，一场直播活动成功与否可评可测，一目了然。相比之下，图文和视频类广告的发布效果往往难以评估，直播具有运营管理的优越性。

4. 提高变现效率

有效的营销活动能够吸引大批的注意力，并且将这些注意力转化为客户消费动力。但是现在传统营销活动在聚集注意力方面已经落后，时常需要消耗大量成本去举办线下活动才能获得极少的客户注意力，而想要把注意力转化为消费力就更加艰难。直播电商可以让企业通过直播平台将聚拢来的流量转变为利润，采用"一对多"的模式，不仅节约了人力成本，而且方便让用户通过直播链接边看边买，用最直接的方式实现流量变现，提高了营销效率。对现实场景的还原，与经过后期精修的照片或短视频带来的可信度是完全不同的。

直播电商运营是指企业或品牌商在直播平台上，通过直播方式进行产品展示、推广、互动等一系列的直播业务运作和管理工作。直播电商运营是一项综合性的工作，需要运营者具备一定的选品推荐、直播演绎、促销推广、物流售后、客情维护等能力，以及对消费者需求、市场变化趋势的敏锐度和观察力，以提高销售效率，提升客户满意度，提高企业和产品的市场竞争力。

直播电商运营模式

二、直播电商推广主要模式

在直播电商中，常见的推广模式主要分为达人直播和商家自播两种模式。目前各大平台都在扶持商家自播模式。下面从主播、用户、货品、带货逻辑和管理风险五个方面来比较这两种推广模式。

（一）主播方面

1. 达人直播

达人直播的主播本身就是网红，有一定的粉丝基础，自己没有品牌或者供应链，靠与品牌方合作来卖货，这也是直播电商最开始的形态。达人主播中，一部分是素人达人，还有一部分是明星达人。达人直播的主播一般不宜随意换人，除非企业蓝V账号认证后，可更换主播。

2. 商家自播

商家自播的主播基本都是素人，集中培训一段时间之后即可开播，有时候店主自己也在当主播。

商家自播的主播更像是一个销售员的角色，用户是冲着商品、品牌来到直播间的，而不是冲着主播这个人来的，即便是直播间换了主播，对于消费者来说也没有什么影响。

（二）用户方面

1. 达人直播

新人达人主播可通过直播平台选品方式带货，无须备货和衔接供应链，门槛较低。达人直播间的用户主要是被达人的知名度、人气、魅力吸引来的，容易被主播的话术和个人魅力打动，从而激发出消费欲望。

2. 商家自播

商家自播的用户更多是被品牌效应、广告宣传、优惠活动等吸引到直播间的，主要看重的是产品的质量、优惠力度和性价比。商家直播间的用户大多本身就有购物需求，只要看到商品和价格合适，就会下单购买。

（三）货品方面

1. 达人直播

达人直播间带货可以选择与多个商家合作，添加多个商品，品种丰富，更新速度快，灵活度高。弊端之一就是实际发货和厂商寄来的样品可能存在差异，从而影响达人声誉，且对于供应链的要求较高，如果一款产品卖爆了，供应链跟不上，对于消费者、主播、品牌来说都会造成损失。

2. 商家自播

商家自播卖的都是自己店铺的商品，商品类型已固定，直播间货品的更新取决于店铺的上新频率，如果这一个月店铺都没有上新，那么这一个月主播都只能卖同样的商品。但是，自己店铺的商品生产可控、质量可控、利润可控，能够保证稳定出货，基本不会发生供应链"拖后腿"的问题。

（四）带货逻辑方面

1. 达人直播

达人直播的核心是"人带货"，通过前期的人气积累或者本身已具有的粉丝人群，进行直播带货。达人直播主要是赚取佣金。

2. 商家自播

商家自播的核心是"货带人"，通过商品或品牌本身的知名度来吸引观众，实现产供销一体化，从而获得大部分的利润。

（五）管理风险方面

1. 达人直播

达人直播风险相对更高。达人团队选品时，不能保证自己的选品团队每次选到的都是正品。品牌请达人带货，达人可能会做出给自己直播间刷人气、刷销售额等投机行为，也可能出现达人靠品牌把账号人气带上来后就撤退解约的情况。

2. 商家自播

商家自播由商家自己培养主播队伍，自己选择自家货品，更容易管理，质量更有保障，风险相对更小。

> **树德润心**
>
> **严格甄选，保质促优，五粮液直播间选人用人有方**
>
> 作为行业龙头企业和民族品牌典型代表，五粮液始终积极推进高质量品牌建设，持续深挖品牌内涵、丰富品牌底蕴、提升品牌影响。
>
> 2023年以来，五粮液先后入选"全球品牌价值500强""全球最具价值烈酒品牌50强""中国500最具价值品牌"等权威榜单，品牌价值和全球影响力持续向高位攀升。
>
> 五粮液紧抓电商直播和抖音、京东、天猫三个平台不停变化的发展趋势，发挥品牌优势，做有内容、有文化、有价值的高品质直播间，以此留住和吸引更多的消费者，并为之打造专属的经典名酒鉴赏体验。
>
> 同样的场景、产品、话术、产品策略，不一样的主播呈现效果和转化结果是不一样的。因此，主播的选择往往决定了一个直播间发展的天花板。在五粮液营销策略中，不仅对主播进行了严格筛选，还设置了赛马考核机制，确保主播的IP人设①在懂酒（产品）的基础上，更加贴近生活，更具专业性。此外，在主播拥有达标的专业性和能力的基础上，对主播进行提升策略，以"黄金375"②原则作为每一场直播的标准，让每一帧直播都能寻找一个让用户停留的点，从而增加用户在直播间的有效停留时间，提升商机转化率。

三、直播电商收益模式

直播电商的收益模式主要分为商品销售、广告收入和平台分成三个方面。

（一）商品销售

直播电商的核心业务是商品销售。通过直播平台，主播可以实时展示商品的特点、使用方法和优势，吸引观众的关注并促使其购买。主播可以通过直播间内的链接或二维码，引导观众进行购买。一旦观众购买了商品，主播将获得相应的销售提成。这种模式可以有效地提高商品的销售转化率，同时给直播运营团队带来可观的收益。

（二）广告收入

直播电商团队可以在直播过程中通过插播广告来获取广告收入。主播可以与广告商签订广告合作协议，将广告内容插入直播内容中，或放入直播引流的短视频中，从而引起用户的关注。广告商根据广告的曝光量或点击量向主播支付相应的费用。这种方式可以给直播团队和平台带来额外的收益，同时也为广告商提供了一种新的宣传途径。

（三）平台分成

直播平台提供直播技术支持、商品库存管理、支付结算等服务，为主播提供了一个稳定的销售平台。直播电商平台通常会从直播团队的销售提成中抽取一定的分成比例作为平台的收入。平台分成的比例通常根据主播的销售业绩和知名度来确定，一般在10%～30%。这种模式可以为平台提供稳定的收入来源，同时也能激励直播团队更加努力地推销商品。

---

① IP人设是指个人在互联网上塑造的形象和品牌。
② 黄金375，原指黄金纯度为千足金，含有99.97%的纯金，代表了非常高的纯度水平；这里指追求直播质量的高标准、高规格。

任务实操

子任务 1.1　直播推广模式分析

（一）任务要求

1. 假设你正在代理本地某特色农产品，拟采取直播推广方式，具体采取什么推广模式？说明商品、模式和理由。
2. 内容提示：直播运营模式（达人直播模式、商家自播模式）。
3. 填写任务表单。
4. 衔接任务：无。

（二）任务表单（见表 1-1）

表 1-1　直播推广模式分析表

商品	
直播推广模式	
选择该推广模式的理由	

（三）任务评价（见表 1-2）

表 1-2　任务评价考核表

目标达成维度	评价标准	分值	教师评分 60%	个人自评 20%	小组互评 20%
知识和能力目标	直播推广模式分析表内容完整丰富	20			
	直播模式选择合理，理由充分，能科学运用分析实际问题	40			
	展示汇报表述清楚、流畅	20			
素养目标	具备较好的团队协作意识	20			
	总分	100			
	最终得分				

任务 2　了解主要的直播平台

任务描述

目前市面上直播平台众多，代表着不同类型。如何对直播平台进行归类？每一类各自有什么特征？如何变现？直播电商创业首先面临平台的选择，哪类或几类平台更适合自己呢？对于这些问题，我们将在这一任务中进行学习。

知识储备

一、直播平台类型

（一）娱乐类直播平台

娱乐类直播平台是直播平台的主要形式之一，主播在平台上进行才艺展示，这是从国内直播行业兴起时就有的模式，也是最为人们所熟知的模式。娱乐类直播范围较宽泛、门槛较低、流量池巨大，所以主播数量也相对较多。此类直播大多是以唱歌、跳舞为主，直播内容丰富，与网友互动性强。在这个娱乐化的时代，此类直播也成为更多人展示自己的舞台，并且吸引粉丝关注，此外也可以通过流量变现和一些互动（刷礼物、打赏等）来实现盈利。但这类直播容易出现各种违规、打擦边球的情况，会逐渐偏离行业主推的直播类型。

娱乐类直播平台主要有：
综合类：斗鱼、虎牙、抖音、B站、CC直播、YY直播平台。
音乐类：网易云音乐、酷狗音乐、QQ音乐。
颜值类：花椒直播、六间房、一直播。

主要的直播平台

娱乐类直播平台的主播特点是颜值高、情商高、有气质、会聊天、有才艺。这类主播引粉涨粉速度较快。

（二）生活类直播平台

分享与陪伴正成为视频直播的新动力，越来越多的人希望将自己的生活搬到摄像头前，生活类直播顺势而生。生活类直播弱化了颜值和竞技技能对主播的要求，也最大化地展现了直播的核心价值：分享和陪伴。它是一种更为贴近人民的直播类型，更接地气。直播内容也是多姿多彩，比如做饭、吃饭、工作、逛街、旅行等生活场景。此类直播的优势在于人人都能做主播，门槛不高，无论是视频还是直播，内容贴切每个人的生活，亲近感和互动性也更高。图1-1所示为山西临汾泊庄村村晚直播。

生活类直播平台主要有映客、抖音、快手、B站、西瓜。

生活类直播平台的主播特点是亲切、有创意、有手艺、会聊天、文案好、具有一定的生活技能。

（三）游戏类直播平台

游戏直播一直都很流行，在直播行业中占据了重要地位，手游、网游以及页游三大种类覆盖齐全。竞技类的主播占大

图1-1　山西临汾泊庄村村晚直播

比重，一般职业的游戏战队会和直播平台进行签约，所以战队的大部分收入来自实时直播。目前，互联网巨头不断加快国内电竞游戏类直播的布局，腾讯不仅注资支持自家龙珠直播，还参加了斗鱼TV的B轮融资，阿里体育斥资1亿元举办电竞比赛。可见，电竞游戏类直播是巨头们争夺的焦点。

游戏类直播平台主要有斗鱼、虎牙、战旗、企鹅、YY直播平台。

游戏类直播平台的主播特点是具有个人特色、会聊天、互动性强、游戏打得好、会玩梗、颜值高。

（四）电商类直播平台

直播电商是直播行业现今的重要发展方向，全国各地商品购买消费不断从线下转向线上，直播电商带货的形式也逐渐被更多人所知晓和运用，成为社会热门。

直播电商可以分为两大类型：一种是像淘宝类的电商平台，其变现方式主要以卖货为主，开发直播功能和短视频功能的目的是实现平台形成从流量到交易的闭环，如图1-2所示；另一种是像抖音类的内容平台，之前没有商城（现在也具备了商城平台功能），主要是靠流量生存，可以把流量卖给淘宝、京东等商城的流量入口（联盟平台），也可以把流量卖给别的平台收取广告费，变现手段非常丰富。

电商类直播平台主要有淘宝、京东、拼多多、小红书、抖音、快手、微信视频号。

电商类直播平台的主播特点是颜值高、有专业知识、消费者至上、会利用直播互动、擅长话术、了解顾客心理喜好。

图1-2 淘宝直播平台

（五）体育类直播平台

社会消费正发生着日新月异的变化，体育直播的产业链正在逐步走向完善的道路。目前体育直播主要被几大专业视频平台和央视垄断，其形式可分为现场视频直播、演播室访谈式直播、文字图片直播，以及即时比分直播。球迷网友可以打开网站点击相应的链接收看比赛，赛事内容丰富多彩，包括足球、篮球、乒乓球、台球等。

体育类直播平台主要有央视、腾讯体育、PPTV体育、直播吧、企鹅直播、24直播网。

体育类直播平台的主播特点是熟悉体育活动或赛事规则、术语专业化、具有独特观点、情商高。

（六）知识分享类直播平台

知识分享类直播由于起步较晚，内容相对严谨，所以其受众也相对低调，人数相对也较少。但知识分享类直播的受众面很广，且受众对知识的主观消费意识强，人群精准度高，更易于实现流量变现。知识分享类直播平台的专业门槛较高，因此对主播的要求很高，更加关注主播的解说能力和内容。这类平台的盈利方式为付费收看、服务收费，主要热门类型有育儿类、医学类、教育类等，吸粉方式主要是引进专业领域内的意见领袖（KOL）入驻，为用户提供专业信息知识和技术服务。

知识分享类直播平台主要有抖音、快手、B站、得物、知乎、荔枝微课、小鹅通。

知识分享类直播平台的主播特点是会科普、乐于分享技能、具有公信力、有独特的观点。

二、直播平台流量变现主要途径

（一）流量+链接

流量+链接的方式是目前用户可接受的主流变现方式。企业在直播过程中，通过购物车展示链接的方式向用户分享推广的产品，引导消费者购买。同时，不开直播，通过发布短视频带货链接或在主页商品橱窗链接也可下单，多重途径实现电商变现。

（二）流量 + 广告

直播平台的广告不仅是指互联网中的弹窗广告，还有通过丰富的内容，让用户感到有趣的产品广告。这种变现方式是企业通过在平台挂上产品短视频，或者直播中穿插企业产品的广告，通过直播内容传播广告，让广告植入用户的内心深处。目前，各直播平台上均开通了广告功能。达人也可以在星图平台上通过广告接单赚取收益。

以抖音平台为例，广告分为五种工具：

（1）信息流广告。根据产品特性进行定向推送，一般以视频广告为主，适合企业进行客资收集、品牌宣传等。有预算的企业首选信息流广告。

（2）巨量千川。主要以电商为主，给直播间、商品投放流量，主要在巨量千川平台上进行投放，可以提升商品的销量。

（3）小店随心推。小店随心推是巨量千川的手机简化版，流量定向没有巨量千川的精细，但也属于电商板块的推广。

（4）巨量本地推。巨量本地推是针对本地商家推出的营销平台，主要针对团购或门店地址进行投放，在抖音来客即可操作。

（5）DOU+。DOU+是针对个人博主进行视频或直播间加热，或者加粉、增加评论推出的功能，一般适合个人博主。

（三）流量 + 服务

企业通过直播为用户提供各种类型的服务，并且依据服务的内容和质量向用户收费。这种方式可以促使更多的观众为有价值的内容付费，提高流量变现的效率。例如，斗鱼直播平台在直播"星际争霸2"国际邀请赛时开启了线上售票模式，当观众进入直播间时，会看到1分钟的直播画面，1分钟后会弹出收费的提示，观众可自行选择付费或放弃收看。

另外，通过电商账号代运营、完成全民任务（见图1-3）、发布带地址定位短视频（见图1-4）或达人探店视频，实现线上引流线下获客。

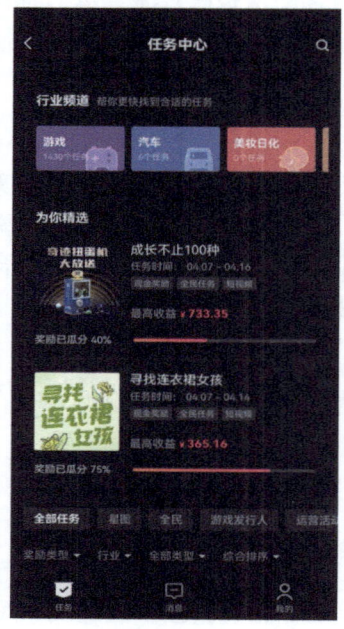

图1-3 抖音全民任务

图1-4 抖音带地址定位短视频

任务实操

子任务 1.2　直播创业平台选择分析

（一）任务要求

1. 假设你已经选择了直播推广创业的模式，接下来需要选择合适的直播平台，列举考虑因素。
2. 填写任务表单。
3. 衔接任务：子任务 1.1。

（二）任务表单（见表 1-3）

表 1-3　直播创业平台选择分析表

选择平台一	
选择该平台的原因	
选择平台二	
选择该平台的原因	
选择平台三	
选择该平台的原因	
⋮	

（三）任务评价（见表 1-4）

表 1-4　任务评价考核表

目标达成维度	评价标准	分值	教师评分 60%	个人自评 20%	小组互评 20%
知识和能力目标	直播创业平台选择分析表内容完整丰富	20			
	直播平台选择合理，理由充分，观点明确	40			
	展示汇报表述清楚、流畅	20			
素养目标	具备较好的团队协作意识	20			
	总分	100			
	最终得分				

任务 3　理解直播平台流量分配机制

任务描述

我们在上一任务中了解了直播平台的类型，接下来探究更为深入的话题——直播平台的流量分配机制，构建直播电商运营底层逻辑框架。

> 知识储备

一、直播流量入口

直播流量入口即直播流量的来源。以抖音平台为例，直播流量一般有五种入口：

1. 自然推荐流量

直播自然推荐流量是指在抖音平台上通过算法获得的用户观看和互动的数量，它是通过优质内容和用户互动来吸引用户的一种方式，一般都是免费的。自然推荐流量的获得是一个长期的过程，需要持续不断地经营优质内容、与用户互动以适应算法的推荐。自然推荐流量是抖音直播间占比最大的部分，这个来源的流量要达到60%左右，才算是一个健康的直播间。

2. 关注tab流量

关注tab就是已经关注你的用户，直接从关注中进入直播间，这个部分的占比也比较高。

3. 短视频引流流量

开播前发布直播预告短视频，或直播中发布短视频，都能起到引流的作用。

4. 付费流量

付费流量可以通过平台的智能推荐，也可以针对特定的用户群体进行定向推广，帮助内容创作者获得更多的曝光和关注。与自然流量相比，付费流量可以更快地提升内容的热度，起到锦上添花的作用。付费流量工具主要有DOU+、小店随心推、巨量千川等。付费流量能放大坑产，加速直播间标签的确定，获取精准垂直流量，加速直播间的发展。但是不建议过于依赖付费流量，其存在主要是为了撬动更多免费流量。

5. 其他流量

除了上述这些流量来源之外，还有个人主页、搜索、商城、橱窗等来源的流量，一般占比不是很大。

二、平台账号识别机制

直播电商平台通过收集账号和用户大数据，分析账号发布的内容和每个用户认知行为特点，同时通过点赞、停留、下单等动作识别用户的兴趣标签，然后给账号和观众分别打上大量的标签，从而做到两者精准匹配。

比如，某用户搜索了感兴趣的内容，选择了某些热门的账号刷视频或进入直播间观看，期间对某些热门的作品点赞、评论、关注，一段时间后，该用户就不需要再搜索这些账号和内容了，平台会自动向其推送同类内容。

三、直播流量推送层级和流量叠加机制

平台直播间流量池一般按照层级设置了从小到大多个流量层级。一开播，系统会基于最初始的E级流量池进行分发，如果直播间数据表现较好，达到了下一个层级的标准，平台就会自动匹配下一个层级的流量推送。直播间数据包括人气数据和转化数据两个方面，数据表现越好的直播间，越会受到平台的青睐，在流量的叠加机制下投放更多的流量。数据表现差的直播间，

则会受到系统的漠视，流量也会越来越少。抖音直播平台推送流量层级见表 1-5。

表 1-5 抖音直播平台推送流量层级

直播间流量层级	平台推荐观看人数（人）	平均实时在线人数（人）
E 级	300～500	1～20
D 级	1000～3000	30～60
C 级	8000～10000	100～260
B 级	30000～50000	1000
A 级	100000～300000	3000～5000
S 级	2000000	>10000

任务实操

子任务 1.3 案例分析——张涛为何总在直播平台上刷到装修类的直播或短视频

张涛因为近期要装修新房，在直播平台上搜索了与"装修"有关的短视频 3 次，进入装修主题达人直播间观看过 1 次，并且在平台商城中购买了与装修有关的小物件 1 次。随后一段时间，他每次浏览直播平台，总是会刷到一些装修类的达人直播或短视频。

（一）任务要求

1. 分析张涛总在直播平台上刷到装修类直播或短视频的原因。
2. 填写任务表单。
3. 衔接任务：无。

（二）任务表单（见表 1-6）

表 1-6 原因分析表

张涛总是刷到装修类直播或短视频的原因分析	

（三）任务评价（见表 1-7）

表 1-7　任务评价考核表

目标达成维度	评价标准	分值	教师评分 60%	个人自评 20%	小组互评 20%
知识和能力目标	分析表内容完整丰富	10			
	分析观点列举具有逻辑性	20			
	分析合理，理由充分	30			
	展示汇报表述清楚、流畅	20			
素养目标	具备较好的团队协作意识	20			
	总分	100			
	最终得分				

知识拓展

1. 什么是蓝 V 企业账号？

蓝 V 一般在抖音、微信、微博等新媒体平台中经常见到，是一种机构认证。申请了蓝 V 认证的账号就是蓝 V 账号（见图 1-5），享有一定的特权：

（1）官方认证标识，平台权威背书。

（2）自定义头像，企业标识（logo）更为直观。

（3）视频内容置顶，可设置 3 个置顶视频，内容二次加热。

（4）主页设置官网链接，商家电话首页设置。

（5）认证同步，一次认证可同时获得今日头条、火山小视频等平台认证。

（6）昵称锁定，独一无二。

（7）电商购物车功能，在视频内增加购物车功能，支持跳转店铺，快速实现变现。

（8）认领 POI（兴趣点）地址，编辑门店信息，在视频中设置定位。

（9）私信自定义回复。

（10）数据分析。

（11）粉丝管理。

（12）平台间内容同步。

2. 什么是无人直播模式？

无人直播，是指使用直播软件，通过技术手段，播放事先准备好的视频，在直播间呈现，且不需要真人出镜，即可达到直播效果，是现在较为流行的一种直播形式（见图 1-6）。简单来说，无人直播就是通过录播的形式实现直播效果（礼物、涨粉、带货等）的。目前无人直播最主要的变现模式是带货赚佣金，可以想象成线上的无人超市，直播场景装修好且货物摆放好，基本不需要太多的人工干预。用户不经意逛到这个直播间，受内容和产品的吸引下单购买，直播间就能赚取佣金。无人直播最大的好处就是可以节省人工，实现 24 小时不间断直播，几十台甚至上百台手机同时直播引流，带来利润。但是，一旦无人直播的玩法泛滥，官方就会不断限制账号，可能会导致账号被处理，需要准备大量账号来确保流量和收入的稳定。

图 1-5　蓝 V 企业账号认证　　　　图 1-6　无人直播模式

3. 什么是坑位费？

坑位费，是一个网络专业术语，字面理解即占坑需要支付的费用，在直播电商中可以理解为发布费，也就是说，商家需要向带货主播支付坑位费，主播才会将商品上架，在直播间介绍并销售商家的商品。坑位费一般是达人直播自己赚取，跟主播打赏不一样，打赏一般是由主播和平台共同分成。

关于坑位费，近年来争议不断。最常遇到的问题是直播效果远不及预期，存在商家支付了坑位费但货没卖出去的情况。甚至有直播带货机构或达人通过虚假下单再退货的方式，来骗取商家的坑位费和佣金。知名影星黄某被爆在一次直播前收取了商家 10 万元的坑位费，但是最终却只卖出了 5 个杯子；双十一购物狂欢节期间，当红脱口秀演员李某被爆在某平台参与了一场直播活动，现场有 311 万人围观，但只有 11 万的真实观众，这些多出来的观众也许就是达人雇人买来的"水军"。坑位费话题一度走在"翻车"的风口浪尖。

习题训练

一、单选题

1. 下列不属于直播特征的是（　　）。
   A．真实性　　　　B．严肃性　　　　C．互动性　　　　D．实时性
2. 下列商品来源中，利润高且适合超级头部主播的是（　　）。
   A．分销平台　　　B．供应链　　　　C．自营品牌　　　D．合作商
3. 下列属于教育类直播平台的是（　　）。
   A．淘宝直播　　　B．小鹅通　　　　C．美拍　　　　　D．千聊
4. 下面关于直播平台变现方式，表述准确且全面的是（　　）。
   A．流量＋链接　　B．流量＋广告　　C．流量＋服务　　D．以上均是
5. 目前国家主要推动的是（　　）直播平台。
   A．娱乐类　　　　B．生活类　　　　C．体育类　　　　D．电商类
   E．知识类

二、判断题

1. 传统电商模式的用户消费方式为用户主动搜索商品，直播电商模式的用户消费方式为主播向用户推荐商品。（ ）
2. 带有营销性质的直播应追求"在线观看人数"，而不是"目标用户在线观看人数"。（ ）
3. 对于达人主播打赏收入，直播平台一般会抽成一部分。（ ）
4. 知识类直播平台的用户数量不算多，但变现较容易，受众忠诚度高。（ ）
5. 数据表现越好的直播间，越会受到平台的青睐，在流量的叠加机制下推送更多的流量。（ ）

三、案例分析题

走百村进万家，赶场助农的秀山超越哥

中国国际电子商务中心发布的"2023农村直播电商优秀案例征集成果名单"中，汇集了来自全国28个省（区、市）510个优秀案例。其中，重庆《吴仕波：走百村进万家，赶场助农的秀山超越哥》成功入选"2023农村直播电商优秀案例（个人案例）"。

2021年底，吴仕波怀着"家乡的农产品这么好，把土特产推广出去，帮乡亲们扩宽销路"的初心，组建了4个人的团队，开始专心做起"秀山超越哥"抖音账号，先后策划了100余期"走百村进万家"赶乡场收土货系列短视频，以赶乡场收土货为切入点，通过"短视频或直播+线下实体店"的方式助力土货出村。

沾着泥土带着露水的农家蔬菜、新鲜出炉冒着热气的乡间小吃、特色精美带着土味的手工竹制品……翻开吴仕波拍摄的视频作品，能感受到浓浓的人间烟火。赶乡场、品美食、买土货……在吴仕波的镜头下，家乡的农副产品获得了大批粉丝支持。吴仕波说："虽然赶场拍摄短视频卖货不多，但是可以帮助老乡们卖出土特产，看到老乡们高兴的笑容时，自己心里也美滋滋的。在拍摄短视频，帮网友和粉丝代购土特产的时候，也交到了很多朋友。"

吴仕波不光用镜头记录乡村赶场生活，还会通过直播帮扶助农，为农产品"代言"。目前，他已经在重庆秀山和酉阳、贵州印江、湖南花垣等地，有40多个乡镇、200多个村庄、1000多个家庭留下了助农印记，累计销售秀山黄桃、脐橙、猕猴桃、白皮柚等生鲜水果20余万斤。

去年通过直播，吴仕波帮助秀山县石堤镇海洋乡小坪村的种植户彭军销售了近8万斤白皮柚。他认为，通过"赶集和直播助农"，消费者能够更加直观地感受农产品的自然风味。更为关键的是，与传统网购相比，赶集更有生活气息，更有人情味，唤起了许多从乡村走向城市人群的乡村记忆，直击消费者买土货难、农村卖货难的痛点，引发广大网友对乡愁的共鸣，激发广大网友帮扶助农的购买欲望。

目前，吴仕波拍摄作品在各短视频平台累计获得点赞量达300万，视频播放量上亿次，粉丝关注量14.3万多。吴仕波本人表示，他现在每天过得都很充实，每两天要更新赶场短视频，抽空会做直播带货，还要进村里收购农产品。

（资料来源：https://www.cqcb.com/yunongpengyouquan/yunongzixun/2024-01-06/5475372_pc.html）

思考：

1. 吴仕波电商直播创业的模式是什么？
2. 阅读了本案例，结合本项目所学，谈谈你对农村直播电商创业的感受。

Project 2

项目二

构建直播电商团队，发挥协作高效能

学习目标

知识目标

◎ 掌握直播电商运营团队组织架构类型，明确直播运营团队岗位职责
◎ 了解直播主要岗位职业能力素养要求
◎ 知晓直播从业道德规范要求

能力目标

◎ 能根据实际情况，设计搭建直播电商运营团队组织架构
◎ 能说明各岗位职责，对团队中具有不同特点的人员进行合理分工

素质目标

◎ 形成合法合规的直播从业价值观和道德观
◎ 培养团队协作意识
◎ 提升解决实际问题的探究能力

赛证对接

国家职业技能标准——互联网营销师

版本：2021 年版

制定方：中华人民共和国人力资源和社会保障部、中央网络安全和信息化委员会办公室、国家广播电视总局

职业技能等级：中级

对接描述	涉及等级	职业技能要求
选品员、直播销售员、视频创推员和平台管理员等四个职业方向	五级/初级工、四级/中级工、三级/高级工、二级/技师和一级/高级技师等五个等级	见各等级知识、技能要求

任务 1　搭建直播电商团队

任务描述

直播行业日益火热，在直播生态区域即将饱和的状态下，做直播仅靠单枪匹马、单打独斗很难突出重围，所以组建自己的直播团队非常重要。你知道一个直播电商团队由哪些岗位构成吗？每个岗位的任职要求是什么？该任务教我们如何搭建一个直播电商团队。

知识储备

一、直播电商团队组织架构

组织架构是指一个组织整体的结构，是为实现组织目标，提高效率，在管理活动中进行分工协作，在职务范围、责任、权利等方面形成的结构体系。传统企业中常见的组织架构形式有中央集权制、分权制、直线式和矩阵式四种形式，但在电商业务中简化了许多，以直线式和矩阵式为主。

直播团队组织架构

直播电商团队的组织架构不是固定不变的，根据公司直播电商业务发展所在的不同阶段、不同规模有相应调整，具有较大的灵活性，可以是由 1～2 个人组成的简单结构，也可以是多个部门几百名甚至几千名员工组成的复杂架构。岗位分工越细，越能够保证人员的专业性，创新能力和效率也会越高。

图 2-1 所示为直播电商团队较为常见的组织架构，在团队负责人下面设有运营团队、直播团队、合作主播、客服团队、招商团队、行政团队等不同的分支部门。就经营实践而言，往往运营团队、直播团队、招商团队、行政团队属于内部核心团队，而合作主播属于外部团队，客服团队在特殊情况下也可以外包。各个分支部门根据规模大小设置不同的岗位。

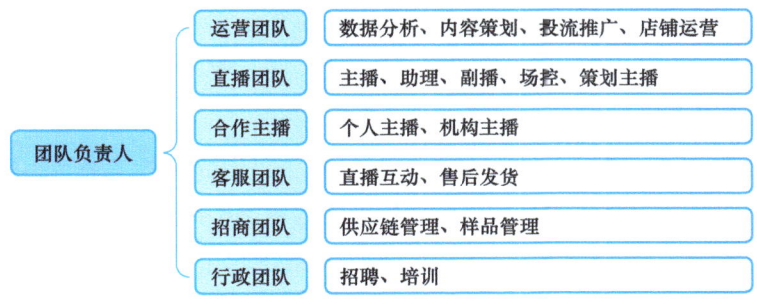

图 2-1　直播电商团队常见组织架构

二、直播电商团队搭建和职能分工

按照人数规模，搭建的直播电商团队分为三种常见类型：低配版团队、标配版团队和升级版团队。

（一）低配版团队

低配版团队根据工作职能，一般至少设置主播 1 名、运营 1 名，其职能分工见表 2-1。

表 2-1　低配版团队人员职能分工

人员	运营				主播
职能分工	营销任务分解 货品组成 品类规划 结构规划 陈列规划 直播间数据运营	商品权益活动 直播间权重活动 粉丝分层活动 排位赛制活动 流量资源策划	商品脚本 活动脚本 关注话术脚本 控评话术脚本 封面场景策划 下单角标设计 妆容、服饰、道具等	直播设备调试 直播软件调试 保障直播视觉效果 发券、表演等配合 后台回复配合 数据即时登记反馈	熟悉商品脚本 熟悉活动脚本 话术运用 控制直播节奏 做好复盘 总结情绪、表情、声音

这种团队分工的优势在于成本低、灵活性大，局限性是对主播和运营的要求都比较高。主播工作时间较长，直播中全程一人操作，对节奏把控、话术掌控等方面都要非常熟练。运营必须是全能型人才，知商务、会策划、懂技术、善场控、能售后，在直播过程中需要集运营、策划、场控、助理、客服等多种身份于一体，并且能够自如地切换角色，游刃有余。该类型团队对主要人员的依赖性较强，难以实现连续直播，很可能因人员流失、生病等其他因素出现直播中断的情形。

（二）标配版团队

企业或商家直播带货，一般会按一场直播的完整流程所产生的职能需求组建标配版团队。标配版团队人员基本为 4～5 人，职能分工见表 2-2。在下表基础上，还可以配备美工（技术）岗位。

表 2-2　标配版团队人员职能分工

人员	运营	策划		场控	主播
职能分工	营销任务分解 货品组成 品类规划 结构规划 陈列规划 投流推广 数据运营	商品权益活动 直播间权重活动 粉丝分层活动 排位赛制活动 流量资源策划	商品脚本 活动脚本 关注话术脚本 控评话术脚本 封面场景策划 下单角标设计 妆容、服饰、道具等	直播设备调试 直播软件调试 保障直播视觉效果 发券、表演等配合 后台回复配合 数据即时登记反馈	熟悉商品脚本 熟悉活动脚本 话术运用 控制直播节奏 做好复盘 总结情绪、表情、声音

该类型团队的主要负责人员是运营,主播是团队的核心。另外,如果条件允许,还可以配置助理、副播、客服等,协助主播完成直播间的所有活动。这是较为常见的一种直播团队配置形式。

(三)升级版团队

升级版团队规模更大,人员更多,往往在10人以上,有时内部还分了小组,分工更细化,工作流程也更优化,适合发展到一定程度和规模的直播营销团队。其职能分工见表2-3。

表2-3 升级版团队人员职能分工

人员		职能分工
主播团队	主播	开播前熟悉直播流程、商品信息,以及直播脚本内容 介绍展示商品,与观众互动,活跃直播间气氛,介绍直播间福利 直播结束后,做好复盘,总结话术、情绪、表情、声音
	副播	协助主播介绍商品,介绍直播间福利,主播有事时担任临时主播
	助理	准备直播商品、使用道具等 协助配合主播工作,做主播的模特、互动对象、完成画外音互动等
策划		规划直播内容:确定直播主题,准备直播商品,做好直播前的预热宣传,规划好开播时间段,做好直播间外部导流和内部用户留存等
编导		编写商品脚本、活动脚本、关注话术脚本、控评话术脚本,做好封面场景策划、下单角标设计,负责妆容、服饰、道具等
场控		做好直播设备,如摄像头、灯光等相关直播软硬件的调试 负责直播中控台的后台操作,包括直播推送、商品上架,以及实时直播数据监测等 接收并传达指令,例如,若直播运营有需要传达的信息,场控在接到信息后要传给主播和副播,由主播告诉用户
运营		营销任务分解、货品组成、品类规划、结构规划、陈列规划、直播间数据运营、活动宣传推广、粉丝管理等
店长导购		主要辅助主播介绍商品特点,强调商品卖点,种草商品,同时协助主播与观众互动
拍摄剪辑		负责视频拍摄、剪辑(直播花絮、主播短视频,以及商品的相关信息),辅助直播工作
客服		配合主播在线与观众进行互动答疑 修改商品价格,上线优惠链接,转化订单,解决发货、售后等问题

树德润心

从个人奋斗到团队协作的成功之路

小张是一名有一定直播经验的主播,擅长游戏直播和互动娱乐。在加入A直播平台之前,她一直以个人为主导进行直播活动,但在团队合作和运营方面存在一些不足之处。在参加A直播平台的主播培训后,小张逐渐认识到团队协作的重要性,并开始了一段成功的团队合作之旅。

首先,在团队协作方面,小张在培训中学会了如何与团队成员进行有效的沟通和协作。她学会了如何分工合作、如何协调直播时间和内容、如何处理团队中的冲突和问题等。通过与团队成员的紧密合作,小张不仅提高了自己的直播效率和质量,还帮助团队实现了共同的目标。

其次,在运营管理方面,小张在培训中学会了如何制定合理的运营策略、如何管理粉丝群体、如何拓展合作渠道等。通过运用所学知识和技能,小张逐渐扩大了自己的影响力,同时也帮助团队实现了更广泛的合作和业务拓展。

在经过一段时间的培训和实践后,小张不仅成为一名更加出色的主播,还成为团队中的核心成员之一。她与团队成员共同努力,实现了共同的目标和梦想。她的直播间吸引了越来越多的观众和粉丝,同时也获得了更多的合作机会和收入来源。小张深知自己的成长离不开A直播平台的支持和帮助,她也用自己的经历激励着更多的主播不断成长和进步。

> 任务实操

子任务 2.1　组建标配版的直播电商团队

（一）任务要求

1. 以小组为单位，组建一个标配版直播电商团队组织架构，明确岗位和职能分工。
2. 在任务表单中画出组织架构图，需标明岗位架构和具体的岗位职能。
3. 衔接任务：无。

（二）任务表单（见表 2-4）

表 2-4　直播电商团队组织架构分析表

直播电商团队组织架构和岗位职能	

（三）任务评价（见表 2-5）

表 2-5　任务评价考核表

目标达成维度	评价标准	分值	教师评分 60%	个人自评 20%	小组互评 20%
知识和能力目标	分析表内容完整丰富	10			
	团队组织架构设计合理	20			
	岗位职能描述准确	30			
	展示汇报表述清楚、流畅	20			
素养目标	具备较好的团队协作意识	20			
	总分	100			
	最终得分				

任务 2　了解直播主要岗位职业能力素养要求

> 任务描述

组建了直播电商团队后，接下来则需要确定岗位人员。在此之前需要明确各个主要岗位对职业能力和素养的要求。该任务需要完成岗位人员的配备，通过情景模拟体会部分岗位的工作状态。

知识储备

在直播电商运营中，各岗位人员的能力素养要求是不一样的，岗位人员的选择应量才适用、任人唯贤。在一个标配版直播电商团队中，运营岗位对知识和技能的掌握程度不一定需要很精通，但要做到全面，而其他岗位对于业务技能的要求则是越精通、越专业，越好。

电商主播职业能力素养

一、主播岗

主播是一场直播的关键人物，是商家或企业了解用户的重要桥梁，是展现企业文化和商品特色的主要平台，主播的各种表现很大程度上决定了直播能否抓住用户、促进下单。企业需要选拔素质高、能力强的人来担任主播岗位。

主播的能力素养主要包括语言表达能力、形象管理能力、心理素质、随机应变能力、个人才艺、专业带货能力和持久力七个方面。

1. 语言表达能力

语言表达是主播所需要具备的第一大能力，一个主播没有良好的语言组织能力就如同一个击剑运动员没有身体协调能力，是行不通的。带货主播可以颜值一般、才艺不突出，但口才一定要好，还要有一定的销售技巧，比如找准产品的亮点，能够戳中粉丝痛点，用加强实惠感、紧迫感等方法激起观众的购买欲。语言要流畅、生动、有感染力，并且尽量打造自己的特色语言，用语言来调动直播间的氛围。

（1）语言幽默化。幽默的语言在直播中不仅能够起到"润滑剂"的作用，还能彰显主播的睿智、内涵和修养。主播可以设计开发属于个人独有的"金句"，通过习惯化的语言打造属于个人的品牌形象。

主播的幽默要适度，把握好分寸，不能给用户留下轻浮、不可靠的印象，对于一些尴尬场面，可以通过自我调侃来化解，但不要触及私人问题或敏感话题，且不能冲淡直播主题，把用户的思路越拉越远，或者被用户带偏了直播节奏。

（2）语言要有亲和力。主播最终的目的是卖货，粉丝越是信任、喜欢主播，主播带货的转化率就越好，所以亲和力是必不可少的。面对镜头保持微笑、善于沟通，讲究说话艺术，不轻易发怒，充分体现出作为一名合格主播的基本职业素养。直播不是辩论比赛，没必要分出你高我低，更没有必要因为某句话或某个字眼而争论不休。

（3）积极互动，有效沟通。主播应做到精神饱满，在镜头里始终保持热情洋溢。但由于新主播直播间里没有一定的粉丝和流量，因此对于新主播具有较大的挑战，多数情况下只能对着镜头自言自语，很多新主播在这个阶段会心灰意冷，提不起精神，讲话有一段没一段，甚至低头玩手机，这对随时会进入直播间的观众来说体验感非常不好。

有效沟通有下面一些技巧：

① 注意思考。在直播过程中，与粉丝互动是不可或缺的，但这不意味着可以口无遮拦。主播要学会三思而后言，切记不要太过鲁莽、心直口快，以免对粉丝造成伤害或引起粉丝的不悦，引发舆论危机。

② 选择时机。主播要找准说话的时机，判断对方是否愿意接受这个信息，或是否准备听你讲这个事情。如果主播丝毫不顾及用户的感受，不会把握说话的时机，那么只会事倍功半，甚至做无用功。选对时机，用户更容易接受。比如，一个主播在购物节的时候向用户推销自己的产品，并承诺给用户优惠，这个时候用户应该很感兴趣，并且会趁着购物节的热潮积极地购买。

③ 懂得倾听。懂得倾听是一个人的美好品质，同时也是主播必须具备的素质。和用户聊天谈心，除了会说，还要懂得倾听，观看直播弹幕信息也是倾听的一种方式。在主播和用户沟通交流的互动过程中，表面上看是主播占主导，但实际上是以用户为主。用户愿意看直播的原因是能够与自己感兴趣的人和事互动，有喜欢的商品想要购买，所以主播一定要了解用户的实时心理。

2. 形象管理能力

形象管理主要是指主播对仪容仪表的管理，以及主播形象与直播账号和商品之间的匹配度。

（1）精致的妆容和仪态。在直播中，主播颜值是一个重要的影响因素。精致得体的妆容让人赏心悦目，愿意亲近。精致的妆容既是对自己的尊重，也是对平台和用户的尊重。直播中应避免一些不雅的小动作，如打哈欠、抠头皮、挖鼻孔、噘嘴巴等。

（2）整洁得体的着装。整洁得体的着装是对主播形象的基本要求。着装要以简洁、自然、大方为原则，契合直播主题。着装可以突出自身优势，但不可触及法律底线，不能以低俗、暴露、过度奇异等方式吸引眼球，那样只会适得其反，引起用户反感，甚至导致账号限流或被封号。

（3）主播形象符合平台定位和所选商品特质。无论是团队自己培养的主播，还是合作的主播，主播形象应符合 IP 定位和平台整体风格，要善于利用关键要素体现直播属性。例如介绍茶叶、书画等类型产品时，主播可以着汉服，彰显中华传统文化。图 2-2 为主播穿着特色民族应景服饰直播讲解。想要在众多主播里脱颖而出，主播个人要有相对稳定的、能吸引人的个人特色或定位，这样才能让用户记住，从而积累粉丝。

图 2-2　主播穿着特色民族应景服饰直播讲解

3. 心理素质

主播在直播时需要有强大的心理承受能力，面对用户各种负面、消极的提问和回复能够理智、冷静地应对，在遭受各方面的压力与挫折时，能够及时调整自己的心态、自我疏导，面对困难要保持自信和乐观的心态，这样才能更好地解决问题。

树德润心

24 岁的小茜，原来在某公司做服装设计，2021 年 6 月 4 日与一家 MCN 公司签约做服装品类的直播带货主播，6 月 8 日却提出解约。组长通过几番电话沟通，她才说出想解约的原因。小茜之所以想做主播，是因为自认为颜值、身材等自身条件出众，但去直播项目组后发现，主播们虽然不是个个都是颜值、身材出众，但话术表达能力和团队配合默契度让她望尘莫及。"他们说话的语速，我一辈子都不可能跟上了。"小茜说。经过组长一番安抚，又给她安排了压力更小的服装展示工作，小茜回直播项目组勉强坚持了三天，最后还是解约了。

这就是典型的心态崩塌。进团队前，小茜对自己还是挺有信心的，进团队之后才发现自己和其他团队成员之间的巨大差距，发现差距之后她不是想办法改进自己，而是选择了放弃，其实心态原因几乎是决定因素。

4. 随机应变能力

电商主播是一种特殊形式的销售人员，销售人员需要灵活应对各种情况。例如，有用户质疑：一模一样的产品，为什么某直播间的比你家便宜？你画的妆这么难看，还好意思出来带货彩妆？这些问题，有的是故意而为，有的是在提建议。针对不同情形，主播要掌握应对话术，才能做到胸有成竹，遇到问题不慌乱。直播时就算准备工作再充分，也难免会发生一些突发情况，这时就需要主播具备一定的灵活应变能力，保持冷静、沉稳、机智的状态，这样才能做得长久，获得用户的信赖感。在公屏上无人提问的情况下，善于自找话题，避免词穷尴尬冷场；在遇到黑粉时做到冷静应对，及时化解尴尬；面对用户提出的问题，慎重考虑的同时还要做到快速反应；对于表扬或点赞，可以积极回应；对于善意的建议，可以斟酌采纳；对于正面的批评，可以用幽默化解或坦荡承认；对于恶意漫骂、公开诋毁，主播也要做到不卑不亢，不予理会或直接拉黑。

树德润心

某美食主播有一次因为当天家里的网络出现了故障，在直播过程中信号突然中断，主播调整了1分钟还是没能恢复正常。为了让用户能够继续观看直播，该主播用手机流量进行了近半个小时的直播，避免了直播突然中断的尴尬。尽管耗费了主播不少流量，但他坚持做完直播，给了用户一个完整的体验，很好地照顾了用户的需求，得到了用户的认可。

5. 个人才艺

主播如果具备一定的才艺，并将其穿插在直播商品介绍过程中，能够吸引观众的目光，有助于塑造更有吸引力的个人IP形象。才艺的范围十分广泛，如唱歌、舞蹈、乐器、书法、绘画、游戏竞技等。出色的才艺能够让用户觉得耳目一新，引起兴趣关注，甚至为才艺买单。很多新入行的主播都会去学习一些大主播的开播技巧，但是学习不是模仿，直播需要有自己的特点，一味地模仿只会打乱自己的计划与安排。因此，主播要懂得体现才艺，凸显特色。

6. 专业带货能力

（1）商品讲解能力。专业的带货主播能快速了解产品相关知识，透彻地讲解商品信息。商品介绍需要较强的逻辑性，突出商品亮点、卖点；回答用户问题时需要抓住用户关心的重点，灵活应用专业词汇为品牌背书，并能延伸话题，增加讲解趣味性，将商品带入各种应用场景中，从而提升用户的信任度。如果直播时产品介绍逻辑混乱，产品展现效果差，则会使用户失去兴趣。

（2）直播控场能力。直播控场目的是根据直播流程，在从冷启动到人气增长再到人气稳定的过程中，把控直播间商品讲解和上下架节奏，引导用户在直播间停留并互动，进而促成用户下单。擅长营造直播间的氛围，清楚在什么情况下需要活跃气氛，根据直播间实时数据，与场控配合完成发放红包、抽奖、连麦等互动玩法，调动用户的积极性。

7. 持久力

一场直播动辄三四个小时，多的时候五六个小时，对一个人的心理和身体都是一种考验。如果没有耐心，三天打鱼两天晒网，不能坚持长时间在镜头前保持高昂的情绪，很难做好直播这件事。有些头部主播的生活是日夜颠倒的，每天 20:00—24:00 开播，下播后还要复盘、接待商家和选品，一般会在凌晨 5:00—6:00 下班，16:00—17:00 开始上班，全年几乎没有休息日。

二、运营岗

运营是直播团队的幕后总指挥，是直播间的"大脑"，在直播中起着至关重要的作用。运营岗位主要有以下四个方面的能力素养要求。

1. 总体指挥能力

直播运营需要对整个直播结果负责，对每一场直播进行策划，准备直播间的人、货、场三要素，负责直播整个过程的团队管理和具体工作的执行。在直播中运营要保持沉着冷静，运营相当于一场直播的指挥官，如果指挥官不稳，下面执行的人也会有所影响，直播的数据也会受到影响。

2. 研究和学习能力

直播电商行业更新迭代速度很快，平台规则不断更新，用户也在不断成长，没有一套方法能永远适用。作为总指挥，运营这个岗位要能静下心来研究，洞察行业先机，同时还需要保持很强的求知欲，不断学习新的知识。

3. 决策判断能力

运营的决策判断能力体现在业务流程中的各个环节。一是选主播的能力，一个直播间能否做起来，做得好不好，和主播有着很大的关系。同一个话术、同一个产品，不同的主播进行介绍，效果是不一样的，所以运营需要有筛选主播的能力。二是选款能力，商家自播的带货直播间，大部分能播起来的都是依靠爆款模式。一个直播间的重点就在于其中的一两个爆款，它们往往能支撑整场直播中 70% 以上的销售额。因此运营必须要有选爆款的思维和理念，会选款、会测款，测出来的款也需要有自己的方法来将它打造成爆款。

4. 数据分析能力

一场直播下来涉及的数据是非常多的，运营会不会看数据，能不能通过数据的变化找出直播间的问题至关重要。在直播的过程中，运营要关注数据的变化情况，及时发现问题，做出应对策略，并根据现有数据制订好下一场直播的优化方案。

三、场控岗

在如今直播电商精细化运营的发展阶段，直播间的场控必不可少。优秀的场控能使直播间销量翻倍增涨。场控岗的能力素养要求如下。

1. 灵活的控场能力

直播中，场控岗位主要负责配合主播，迅速把直播间实时数据，包括人数、销量数据和库存的变化情况反馈给主播，回答问题，与粉丝互动不冷场，善于带动直播氛围，在线回复客户咨询，积极与客户沟通促成下单。因此，场控需要了解并熟悉直播的运营方式、脚本流程和操作平台功能，对粉丝的消费需求和心理有较强的把控力，有较强的临场应变能力。

2. 抗压能力

选择场控，一般更倾向于性格活泼开朗、反应快、行动力强的人，具有良好的服务意识和团队精神。工作时间根据主播的时间来定，能接受不同时间段的直播工作，具有一定的抗压能力。

3. 其他能力素养

作为场控，需要熟悉推荐产品的性能、参数等一些文字上的介绍，在主播遇到不熟悉的产品或有临时突发状况的情况下，场控需要做到顶替主播在镜头面前讲解产品，这样可以避免因主播原因而导致的粉丝流失。

四、客服岗

作为客服，要端正态度，做好本职工作，给用户留下一个好印象。客服要掌握必要的沟通技巧，给用户提供优质的服务。客服岗的能力素养要求如下。

1. 个人素养

一是文明礼貌。礼貌待客是商业服务人员的基本职业素养之一，要经常使用礼貌用语和语气词。二是主动热情。三是有责任感，遇事负责任、有耐心。四是有良好的心理素质，具有百折不挠的承受能力和自我掌控的调节能力。五是诚实守信，做到不欺瞒用户，实事求是，信守诺言。六是以用户为中心，根据要求回答问题，多换位思考。

2. 沟通能力

一是了解产品，做好充分准备。要了解商品信息，提前准备好应对方法。二是主动关心用户，拉近与用户的距离。对用户进行必要的了解，寻找合适的沟通话题。三是思路清晰，语言表达准确。四是凡事尽量顺从，不与用户争辩。五是树立自信，服务底气要足，对自己的专业知识有自信，对自己的产品质量有自信。六是表明立场，争取用户信任。出现用户争议或损失时，首先表明立场，快速应变，同时真诚道歉，适当承诺。

任务实操

子任务 2.2.1 直播网红达人团队岗位职业能力素养分析

（一）任务要求

1. 分析某直播网红达人团队不同岗位的职业能力和素养表现，分析其取得成功的原因，岗位可自行确定。
2. 通过观看直播、网络信息搜索等方式获取相关信息，将内容整理至任务表单。
3. 衔接任务：无。

（二）任务表单（见表 2-6）

表 2-6　直播网红达人团队岗位职业能力素养分析表

分析对象	能力素养	具体表现
直播网红达人团队名称：	能力	1. 2. 3.
团队岗位名称：	素养	1. 2. 3.

（三）任务评价（见表 2-7）

表 2-7　任务评价考核表

目标达成维度	评价标准	分值	教师评分 60%	个人自评 20%	小组互评 20%
知识和能力目标	分析表内容完整丰富	20			
	分析内容有理有据，符合实际情况	30			
	分析表观点罗列清晰	20			
	汇报展示表述清楚、流畅	15			
素养目标	具备较好的团队协作意识	15			
	总分	100			
	最终得分				

子任务 2.2.2　直播团队岗位人员配置分析

（一）任务要求

1. 以小组为单位，在已组建的标配版直播电商团队基础上，分析小组各成员特征，结合直播各岗位能力素养要求，按照相对合理原则配置各岗位人员。
2. 填写任务表单。
3. 衔接任务：子任务 2.1。

（二）任务表单（见表 2-8）

表 2-8　直播团队岗位人员配置分析表

岗位名称	岗位人选	配置原因	
		能力：	
		素养：	
		能力：	
		素养：	
		能力：	
		素养：	
		能力：	
		素养：	

（三）任务评价（见表2-9）

表2-9　任务评价考核表

目标达成维度	评价标准	分值	教师评分60%	个人自评20%	小组互评20%
知识和能力目标	分析表内容完整丰富	10			
	配置原因分析贴切，符合实际情况	30			
	岗位人选科学	20			
	展示汇报表述清楚、流畅	20			
素养目标	具备较好的团队协作意识	20			
	总分	100			
	最终得分				

任务3　知晓直播从业道德规范

任务描述

作为直播电商行业从业人员，需要知晓并遵守行业的从业道德规范，按规矩办事，不触及红线，遇到有关情况能进行正确分析和判断，有效处理。该任务中我们就来了解直播从业道德规范。

知识储备

直播电商属于新兴业态，一开始直播带货行业缺少必要的从业门槛和制度规范，使得整个行业鱼龙混杂，乱象频出。如何加强互联网营销行业规范，促进行业内从业人员的素质提升，逐渐成为影响行业可持续发展的关键问题。

树德润心

凉山百万粉丝网红虚假助农案

2023年9月，四川凉山州公安机关宣布，在凉山州多个部门密切配合下，成功侦办了以"凉山曲布""赵灵儿"等为代表的四川首例"系列网红直播带货案"。这些"网红"在背后公司的孵化下，打着助农旗号，通过摆拍虚假视频，打造"大凉山原生态"人设，带货销售假冒的大凉山特色农产品，谋取高额利益，涉案金额超千万元。

该公司通过设计剧本、话术，专门挑选当地无人居住的生产用房、破壁残垣作为直播背景，编造了淳朴的男主角形象和纯真善良的女主角形象，打造"大凉山原生态"人设，通过在短视频平台发布"偶遇""蹭饭""助农"等情节的视频，博取眼球、收割流量。

通过开设网店和直播带货，打着"助农""优质原生态"等旗号，该公司从成都、南京等外地食品公司低价购入蜂蜜、核桃等农副产品，假冒"大凉山特色农产品"商标，以次充好、以假充真，在全国范围内销售，假冒产品销往全国20余个省市，涉案金额超千万元。

2020年7月，人社部等部门发布了互联网营销师、区块链工程技术人员等9个新职业信息，其中在互联网营销师职业下增设"直播销售员"工种，将从业道德等内容明确写进了职业标准。这意味着大家熟知的"电商主播""带货网红"不再是"野生军"，而是被国家认证的正规工种。

2020年7月，中国广告协会发布了《网络直播营销行为规范》并开始实施，该《规范》对直播电商中的各类角色、行为都做了全面的定义和规范，是国内第一个关于网络直播营销活动的专项自律规范。

主播作为直播电商中的关键一环，其言行举止直接影响着消费者。主播与消费者不仅是简单的买卖关系。直播平台不是主播的私人空间，而是无限延伸的公共领域，具有不可忽视的公共属性。许多头部主播的流量已不亚于普通明星，是极具影响力的公众人物，其一言一行不仅影响自身形象，还会影响所带货物的品牌甚至社会观点。所以他们需要接受公众审视，自我修养与品德必须经得起检视，能承担起相应的社会责任。网红经济不能是脱离道德规范和法治观念的炒作经济。作为当前互联网营销的一种新模式，直播带货行业要想健康有序发展，主播不能只赚钱不担责，必须具备职业操守与道德素质，为消费者带来更好的购物体验。

树德润心

昔日头部网红逃税漏税案风波

近两年网络直播行业迅猛发展，面对新业态的出现，无论是主播自身的纳税意识还是税务征管都存在一定的滞后性，出现了一些漏洞。国家加大了监管力度，继主播雪某和林某因偷逃税款被罚款6555.31万元和2767.25万元后，头部主播黄某也因偷逃税被罚。

2021年12月20日，杭州税务局发布消息，黄某（主播黄某）在2019年至2020年期间，通过隐匿个人收入、虚构业务转换收入性质虚假申报等方式偷逃税款6.43亿元，其他少缴税款0.6亿元，总共罚款13.41亿元。官方通报发布后，黄某发布致歉信，其在淘宝、抖音、微博等多个平台的账号被封，淘宝店铺也已经关闭。

任务实操

子任务2.3　直播电商从业道德问题分析

（一）任务要求

1. 以小组为单位，梳理直播电商从业各主体（商家、直播电商团队、平台、机构等）和岗位中容易出现的道德问题点。
2. 填写任务表单。
3. 衔接任务：无。

（二）任务表单（见表 2-10）

表 2-10　直播电商从业道德问题分析表

电商主体	具体岗位	容易出现的道德问题点
		问题 1： 问题 2：
		问题 1： 问题 2：
		问题 1： 问题 2：
		问题 1： 问题 2：

（三）任务评价（见表 2-11）

表 2-11　任务评价考核表

目标达成维度	评价标准	分值	教师评分 60%	个人自评 20%	小组互评 20%
知识和能力目标	分析表内容完整丰富	20			
	问题点分析贴切，符合实际情况	40			
	展示汇报表述清楚、流畅	20			
素养目标	具备较好的团队协作意识	10			
	具备合法合规的直播从业价值观和道德观	10			
	总分	100			
	最终得分				

知识拓展

什么是 MCN 机构直播团队？

MCN（Multi-Channel Network）意为网红孵化中心，是专业培养和扶持网红达人的经纪公司或者机构。近年来，MCN 作为网络视听内容创作的新生力量，参与了网络视听产业链上的多个重要环节，成为链接用户、主播、平台和品牌的重要纽带。MCN 机构作为这股新生的中坚力量，通过将优质的内容创作者、主播等孵化出来，再以平台传播为依托，可保障优质内容的持续输出，并实现较为稳定的价值变现，从而助力网络视听内容创作的高质量发展。MCN 机构直播团队常见组织架构见表 2-12。

表 2-12 MCN 机构直播团队常见组织架构

部门名称	组织功能
内容部	负责 MCN 公司短视频、直播内容创意的设计开发,并需要根据项目需求,收集、筛选创意方向和题材。部分拍摄视频的内容部还要负责内容剧本的编写,人物、情节设计,内容的拍摄及制作,后期推广及包装等。内容部是 MCN 机构的核心部门,经常需要分析研究各大平台热门的视频作品,紧跟流量热点
推广部	负责宣传策划、信息收集、活动执行统一管理,并负责对公司业务推广计划的制订与实施,与其他网站进行资源互换,通常还要完成推广活动策划、执行方案的撰写和顺利达成等。推广部的工作内容还有内容推广发行、流量分发、内容定制、电商转化等商业变现所需要的各类资源、渠道的发掘、与广告主进行商务洽谈与合作等
运营部	负责公司整体运营、规划、营销、推广、分析、监控等工作,对各项运营指标进行分析和总结,制定合理的运营目标及计划。运营部需要提出公司运营工作目标,制定实现目标的具体手段和方法,包括互动内容运营、跨媒体运营、数据运营等,并负责各大平台的内容运营及线上、线下活动,如果有直播活动,还需要做直播活动的整体策划、安排、效果分析,以及与各大平台的沟通协调,负责对短视频内容运营的效果数据分析及反馈优化
主播管理部	负责艺人、主播、网红的挖掘、招募及培训,营销包装、市场定位等,打造明星网红主播。必要时,需要协助内容部选配艺人进行演艺、主持等工作
技术部	负责公司日常软硬件设备维护工作、公司直播间运维保障工作、公司音视频直播系统安全稳定运行及故障修复工作,保障公司网络连接稳定及安全等
人力资源部	根据公司的总体战略制定人力资源战略与计划,制定人力资源管理方面的政策和流程,负责招聘、调配人力、薪酬和福利的计算和发放,组织实施绩效管理,组织实施企业文化建设活动等
行政部	负责公司知识管理工作,提供行政支持、会务和秘书工作,管理公司后勤设施和公用设备等,还负责安全秩序管理
财务部	制定公司财会工作制度和指导方针,管理公司的会计核算账目根据监要求制作财务报表,监控与管理公司成本和账款收支情况,对财务运行状况进行分析,提供管理决策依据制定依据,运行公司预算系统,财务部还负责管理公司资金,对投资控股公司的财务监控和管理及融资管理等

任务拓展

利用网络收集直播类企业相关岗位招聘信息,包括对岗位工作职能、工作时间和地点、个人能力素质要求、工作薪资等方面的说明,填写在表 2-13 中。

表 2-13 直播类企业招聘信息整理表

企业名称	招聘岗位名称	招聘岗位说明

习题训练

一、单选题

1. 关于直播销售员的仪容仪表,下列说法正确的是( )。
   A. 身躯歪斜,弯腰驼背
   B. 保持五官端正,形象良好

  C．大面积裸露文身

  D．穿着带有国家机关人员的工作制服进行娱乐性质的直播

2．直播中，以下哪个行为不属于主播助理的工作内容？（　　）

  A．辅助主播与观众互动   B．单独展示商品

  C．引导粉丝互动   D．维护直播间评论区秩序

3．一个常规的直播运营团队一般由（　　）构成。

  A．2～3人   B．5～6人

  C．7人以上   D．没有限制，根据具体情况而定

4．一个直播团队中的核心负责岗位是（　　）。

  A．运营   B．主播   C．拍摄   D．策划

  E．场控

5．主播的直播间及直播场所应当符合法律法规和网络直播营销平台规则的要求，不得在某些场所进行直播，除了（　　）。

  A．涉及国家及公共安全的场所 B．影响社会正常生产、生活秩序的场所

  C．影响他人正常生活的场所   D．专业直播间

二、判断题

1．助理需要在直播前将待播商品的规格、价格等核实清楚，避免出现直播失误等情况。（　　）

2．主播的工作比较轻松，一般就坐在手机或电脑前直播聊天。（　　）

3．在一场直播中，运营的作用比场控更为重要。（　　）

4．在直播过程中，主播可以少量抽烟作为产品示范介绍。（　　）

5．一场直播中，把控直播节奏主要是主播的事情，其余岗位不怎么涉及。（　　）

6．直播关闭之后意味着整个直播工作的结束。（　　）

三、案例分析题

网红达人售卖假燕窝事件

2020年10月25日，辛某团队的主播在直播时向粉丝推荐了一款燕窝产品。

11月4日，有消费者质疑辛某徒弟在直播间售卖的即食燕窝是糖水而非燕窝，并要求辛某对此做出解释。随后，辛某现身直播间进行回应，为了验证品牌的真实性，辛某连开数罐新燕窝进行演示并拿出了产品检验报告自证清白。在直播中，辛某表示，自己有录音，对方需要加价格才肯下架视频，这样看来就是赤裸裸的敲诈勒索了，辛某称："倾家荡产也要告这些人诽谤。"

11月20日，辛某方面随即通过官方微博发布了"燕窝事件回应"声明，表示：第一，所售产品除了冰糖燕窝制品本应含有的糖分外，还含有燕窝成分唾液酸；第二，公司是按照商家提供的产品信息进行直播推广，事件发生后，第一时间将产品送检，待结果回传后公证并公布；第三，如果消费者对产品有任何不满可向商家申请退货退款，己方团队会全力帮消费者维权。

11月27日晚间，辛某在微博上发布了《写给广大网友的一封信》，承认该燕窝产品在直播推广销售时，确实存在夸大宣传，将召回全部售出产品，并退一赔三。该产品在直播间共售

出 57820 单，销售金额 15495760 元，共需先退赔 61983040 元。同时，辛某还公布了团队整改方案，将深刻反省内部管理，严抓品控，启动内部整改升级，所有主播和团队加强专业学习与培训。

假燕窝事件后，有评论指出，不可否认，直播带货的直接优势仍是价格，哪里便宜消费者便会去哪里。而要长期保持价格优势，需要在供应链上下足功夫。在直播电商飞速发展的当下，对于带货主播而言，带货不能只盯业绩和数据，对自己所推销的商品或服务要承担相应的审核义务。

有业内人士建议，可以借鉴电商平台的保证金制度，让品牌方在签合同后支付一定金额的保证金，使其不敢造假。另外，辛某所采取的主播先行赔付消费者模式，也可以定为直播行业标准，让主播的团队更重视选品，否则一旦出现问题，就会面临巨大损失。

2020 年 12 月 6 日，中国药文化研究会发布的《鲜炖燕窝》团体标准也开始实施，该标准要求燕窝原料需检验合格并符合国家食品卫生安全标准，原料应不变色、不霉变、无异味。但对于燕窝的具体用料和分级并没有确切的标准。有专家指出，由于没有国家统一标准，某些燕窝产品除了某些关键指标的差异，还可能有质量上的瑕疵。

思考：结合直播电商相关政策法规，分析该案例中涉及的行业道德问题。

Project 3

项目三

定位直播电商账号，锚定垂直运营方向

--- 学习目标 ---

知识目标

◎ 了解直播账号建立和开播的基本路径
◎ 了解直播 IP 账号的含义，掌握 IP 账号定位的原则
◎ 掌握账号定位和主播人设打造的方法

能力目标

◎ 能够分析平台上某账号定位的要素
◎ 能够结合自身团队特点和周边资源，明确直播账号定位和打造主播人设

素质目标

◎ 进一步根植家国情怀
◎ 增强创新意识
◎ 培养知行合一的学习态度
◎ 培养团队协作意识

赛证对接

网络直播运营职业技能等级标准

版本：2021 年 1.0 版
制定方：中广协广告信息文化传播有限责任公司
职业技能等级：中级

工作领域	工作任务	职业技能要求
4. 账号（IP）运营	4.1 主播 IP 定位	4.1.1 具备敏锐的市场洞察力，善于发现网络主播商业合作契机 4.1.2 能根据主播个人优势及特点，对主播风格进行定位与设计 4.1.3 能根据直播业务需求，建立主播人设，对主播进行包装与定位 4.1.4 能根据主播的定位，对主播上镜职业形象进行包装升级 4.1.5 弘扬社会新风尚，传递道德正能量

任务 1 建立直播账号

任务描述

选择了合适的直播平台后，要想在平台上开启直播，首先需要建立直播账号。那么，建立一个具有带货功能的直播账号需要哪些条件呢？本任务带大家了解直播开播的基本路径。

知识储备

直播电商是在普通直播账号基础上开通直播电商功能，不同的平台有不同的要求，一般来说，只要按照要求一步一步完成即可，并不是特别复杂。不同平台建立直播账号原理大相径庭，基本都是围绕橱窗、店铺、链接、选品广场等关键词展开。以抖音直播账号建立为例，该平台直播带货的基本路径如图 3-1 所示。

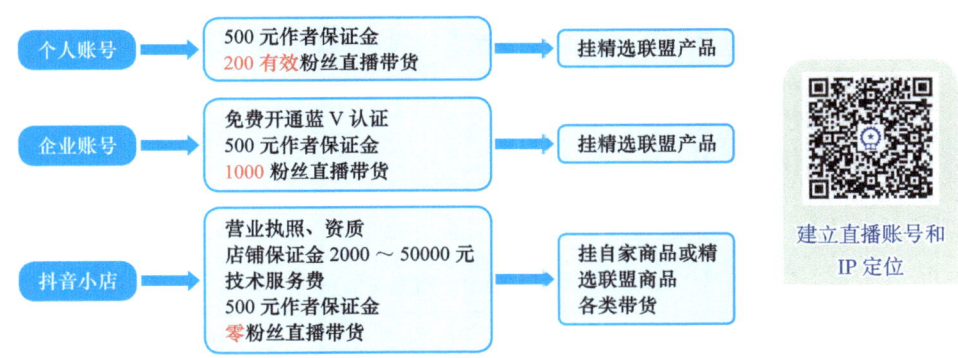

图 3-1　抖音直播带货基本路径

要在抖音平台上进行直播带货，根据 2025 年平台最新政策，分为三种路径：

第一种是开通了个人账号。在平台实名认证后，个人账号达到一定的有效粉丝数量后，可开展橱窗带货、图文带货、视频带货或直播带货。开展橱窗带货，有效粉丝数应达到 500 个；开展图文带货，有效粉丝数应达到 1000 个；开展视频带货，有效粉丝数应达到 500 个；想要开展直播带货，粉丝数量在以前的 1000 个基础上有所下调，降到了 200 个。但是，这

200个必须是有效粉丝。抖音平台对于有效粉丝的判定是基于真实性、活跃性和内容契合度三大维度，其中，活跃度需要该粉丝在30天内与账号产生不少于3次的有效互动（包括点赞、评论、分享、收藏、完整观看视频、直播停留时长不少于1分钟），如果粉丝仅关注但无任何互动行为，将会被系统降权，不被认定为有效粉丝。在有效粉丝数量达到200个后，向平台缴纳500元的电商带货作者保证金，即可开通直播权限。注意无论哪种情形，500元的作者保证金都是需要缴纳的。

第二种是开通了企业账号，并将账号升级为企业蓝V账号。之前抖音平台政策是开通了企业蓝V账号后就可以零粉丝直播带货。从2025年起，该政策发生了变化，蓝V认证不再需要缴纳每年600元的认证年费，但不再享受零粉丝带货权限。若粉丝数量不足1000个，只能获得橱窗带货权限；当粉丝数量达到1000个及以上，可同时开通直播、短视频和图文带货权限。企业蓝V账号的直播带货门槛比之前大大提高了。

第三种是在开通账号基础上开通了抖音小店。抖音小店（简称抖店）是抖音电商为商家提供带货变现的便捷工具，提供线上电商店铺解决方案，帮助商家拓宽内容变现渠道，提升流量价值的一站式商家生意经营平台。开通抖音小店分为企业/公司开店、个体工商户开店和个人身份开展三种类型。开通抖音小店步骤相对复杂，需要向平台提供企业营业执照和资格证明（例如食品类店铺需提供食品流通许可证），缴纳2000～50000元金额不等的保证金和一定的技术服务费。保证金金额多少主要取决于产品类目，如保健品、酒类类目的保证金就比较高，属于特殊类目商品，平日售卖商品需要在招商类目范围内，否则就会违规扣掉部分保证金。开通了抖音小店，就能通过商品信息编辑，上架链接，从而售卖自己的产品，同时可以零粉丝开展直播带货。

任务实操

子任务3.1　选择直播开播路径

（一）任务要求

1. 小组团队成员以实际情况为出发点，讨论分析团队直播账号现状、开播条件和路径。
2. 将讨论内容填写至任务表单。
3. 完成任务主要岗位：运营岗。
4. 衔接任务：无。

（二）任务表单（见表3-1）

表3-1　直播开播路径分析表

分析维度	分析结果
团队账号个数和粉丝数	
是否有合作企业或公会	是（　　）　否（　　）
拟采取开播路径	只开通分享功能（　　）　开通分享功能并开通蓝V认证（　　） 开抖音小店和分享功能（　　）
其他欠缺条件	
近期努力方向	

（三）任务评价（见表 3-2）

表 3-2　任务评价考核表

目标达成维度	评价标准	分值	教师评分 60%	个人自评 20%	小组互评 20%
知识和能力目标	直播开播路径分析表内容完整丰富	20			
	分析符合实际情况	20			
	理解直播开播路径条件，分析合理	40			
素养目标	具备较好的团队协作意识	20			
	总分	100			
	最终得分				

任务 2　定位直播 IP 账号

任务描述

在直播账号建立初期，需要根据对标账号分析、自身对于内容领域的理解和总结，以及其他相关因素，确定账号的主攻领域和运营风格。有一句话叫"选择大于努力"，选对了方向，账号运营起来就会相对轻松。该任务我们就来学习如何对直播 IP 账号进行定位。

直播账号定位的手段和方法

知识储备

IP 是 Intellectual Property（知识产权）的缩写，原本是一个法律概念，是指权利人对其智力劳动创作的成果和经营活动中的标记、信誉所依法享有的专有权利。随着网络文化的发展，在互联网界将 IP 的含义加以引申。互联网界的 IP 可以理解为所有成名文创（文学、影视、动漫、游戏等）作品的统称。也就是说，此时的 IP 更多代表智力创作，诸如发明、文学和艺术等作品的版权。进一步说，能够仅凭自身的吸引力，挣脱单一平台的束缚，在多个平台上获得流量，进行分发的内容，就是一个 IP 账号。

品牌营销里最核心的内容就是打造 IP，也是内容营销里最长效的方式和投资回报率（ROI）最高的方式。在泛娱乐化时代，一个人若能够在某一领域或某一群体中产生一定的影响力和号召力，逐渐形成个人 IP，其粉丝量不断增涨，粉丝经济为其带来的经济效益也会越来越大。

一、直播 IP 账号的重要性

一个成功的 IP 可以提高辨识度，增强观众对账号和主播的认知及信任感。当主播被贴上标签并与标签融为一体时，主播便拥有了属于自己的 IP。

1. 特色 IP 辨识度高

通过 IP 可以让账号特色化和形象化，形成高辨识度，进而提升商业价值和公众认知。在生活中，通过独特的造型、口头禅、背景音乐或者表情手势等，用户第一时间想起某个主播或者某个品牌，这就是高辨识度的表现。高辨识度能够让人产生信任感，从而促进消费，提高商业价值。

2. 高效引流，降低获客成本

在当前互联网环境中，各大平台主播数量急剧增长，内容同质化严重，平台流量红利正在逐渐消失，竞争不断加剧，平台参与者的获客成本也越来越高。打造个人IP，有利于形成良好的公众认知和形象，形成"品牌"，进而实现高效引流，降低获客成本。

3. 观众接受并习惯为内容付费

现在已经进入为知识付费的消费时代，越来越多的人开始接受并习惯为高质量的内容付费，观看付费直播、购买直播间商品、为主播打赏，因此打造个人IP更容易获得成交和变现。

4. 促进"直播+电商"的进化

传统电商以卖货为主，而"直播+电商"模式是通过对直播内容、主播人格魅力的营销来吸引观众，提高商品转化率。观众只有在情感和价值观上对主播形成认同并建立信任后，主播才能通过推荐商品来实现变现，而主播个人IP有利于让变现渠道变得更加顺畅。直播中的用户消费机制是最快速的变现渠道，实时且可交互，主播可以根据观众的消费情况来评估直播内容的受欢迎程度和自己的受欢迎程度。

二、直播IP账号定位的原则

直播账号
定位原则

所谓直播IP账号定位，就是寻找精准的目标用户群体。不同的直播内容、不同的选题、不同的呈现方式、不同的直播场景所针对的人群是不一样的，定位的核心点是寻找能够打动的那一部分精准用户，以便更好地实现商业变现。在进行直播IP账号定位时，可参考以下公式：

$$定位 = 变现方式 + 目标用户 + 信任背书 + 差异点$$

首先，定位时一定要考虑变现方式，一切直播活动的终点都是商业变现，因此在直播IP账号定位时就要考虑好商业变现模式，如何实现经济效益的产出。不能实现商业变现的账号，是没有商业价值的。其次，明确目标用户群体，不同目标用户群体感兴趣的话题、喜欢的风格、喜欢的产品都是不一样的。只有明确目标用户的特征，如性别、年龄、职业、收入水平、消费习惯、兴趣爱好等，才能更好地开展直播IP账号定位，打造直播间场景，设计直播风格，打造直播话术和主题。再次是信任背书，直播IP打造中，如何获取用户信任非常重要，可以通过专家人设、品牌直播间官方主播、共鸣人设等方式获取用户认同和信任。最后是差异点，所谓定位就是直播内容与别人有何不同，同质化的内容会让观众产生视觉疲劳，各直播平台都是有意识地避免同质化竞争，对于有差异化、有特点的内容会给予更多的流量扶持。因此，需要思考自己的优势是什么，能为用户提供什么价值点，是为用户提供知识，还是提供超值优惠的商品，抑或是提供轻松愉悦的氛围。

在直播IP账号定位时，一定要做好整体规划，否则在后期运营中将步履维艰。在直播IP账号定位时，一般会遵循垂直原则、价值原则、深度原则、差异原则、持续原则等。

1. 垂直原则

垂直原则是账号定位的第一原则。一个账号一般只专注一个细分领域，要把用户群体进行市场细分，做到垂直且专业，不要宽泛地对一个大群体做内容。如果不垂直不专注，越想迎合所有用户，做各种各样的内容，后面就越会发现，自己所做的内容所有的用户都不喜欢。在网络直播竞争激烈的市场中，只有深耕垂直领域，做好内容，才能吸引观众，积累粉丝，提升用户黏性，实现用户价值最大化产出。

2. 价值原则

对用户来说，有价值才会观看，才会关注。价值分为很多种，有视觉享受价值、娱乐享受价值、知识获取价值，好看、好玩、有趣、实用的都是用户喜欢的价值方向。因此，在直播 IP 打造中，需要综合考虑自身优势和用户的需求点，准确定位，做好直播规划，为用户提供有价值的内容。

3. 深度原则

深度是指一个方向确定后，就保持这个方向深入发展，找到更深层次、更有价值的内容提供给用户，而不能只是找一些肤浅的、低级趣味的、缺乏创意的材料。在运营中，可以学习借鉴同行优质直播账号，也可以根据相关热点方向，结合自身直播间风格和产品特性，进行融合创新，深入挖掘直播内容，方能给观众更多新鲜感，增强直播间的吸引力，增加用户对直播间的印象，从而建立品牌认知，形成直播间 IP。

4. 差异原则

只有做好差异化，才能让你的账号从众多账号中脱颖而出，让用户记住你、关注你。账号差异化可以从内容领域、IP 人设特点、内容结构、表达方式、表现场景、拍摄方式、视觉效果等方面入手。如果大的方面难以做到差异化，可以先从小的方面去做。

5. 持续原则

持续也是一个重要的原则。前面几个原则做得再好，如果不能持续和稳定更新，根据平台规则和算法机制，账号权重就会下降，获得平台推荐量就会降低。而且，如果不持续输出垂直性的内容，还会导致粉丝逐渐流失、粉丝定位不精准等情况。

三、确定和设计直播 IP 账号

（一）确定直播 IP 账号商品类目和领域

随着直播的流行，直播行业从业人员越来越多，市场竞争更加白热化，目前各个方向类型都拥有大量的账号和主播。但是想要打造账号 IP，首先就要确定个人所属垂直领域的商品类目和领域。前期一开始就要把 IP 打造同后期的电商变现结合起来思考，不能不加考虑随意化，也不能随波逐流、跟风别人，否则做出来的账号与直播电商关联性低，无法实现商业变现。

现有 IP 大类目主要分为剧情、段子、时尚穿搭、美妆、种草开箱、知识讲解、才艺展示、街拍、户外、真人秀等。在直播 IP 账号定位初期，团队需要深入分析观众需求，结合自身优势和特长，确定直播 IP 领域，这样才能更好地打造 IP 形象，形成自己账号的独特风格。在账号定位中，也可以尝试定位的多重配合，从多个角度吸引顾客。以下三种方式可供参考和借鉴。

1. 专业 + 有趣

有趣是受众群体最广的内容，专业是定位精准用户，可以将有趣与专业相结合，既可以吸引更多用户群体，增加内容的吸引力，又能在一定程度上保证目标受众的精准性。

2. 专业 + 有用

测评、经验类和教程类账号经常采用这种方式，从源头上把控变现维度，做理性运营。在直播中，传递价值非常关键，即传递的内容对消费者有用，不管是优惠还是解决生活中或者工作中的难题。通过"专业 + 有用"，可以增强用户的信任感，为后期变现建立基础。

3. 有颜 + 有趣

"好看的皮囊千篇一律，有趣的灵魂万里挑一。"一个兼顾颜值、有趣、内涵的主播，能够为直播间吸引来大量的粉丝。

（二）直播 IP 账号"四件套"设计

直播 IP 账号"四件套"是指昵称、头像、背景图和简介信息。基础的直播 IP 账号设计要秉持以下四个原则：

（1）好理解：让人一看就知道在说什么。
（2）够简洁：概括能力很重要，一句话带给对方足够多的信息。
（3）有价值：考虑能够为用户带来什么好处。
（4）贴合自己的人设定位。

在直播 IP 打造中，账号"四件套"的设计非常重要，它能够让观众第一时间了解直播的基本信息，增强直观感受，快速拉近主播与消费者的距离。直播 IP 账号"四件套"设计主要有以下技巧。

1. 昵称设计

在昵称设计中，讲究易记、好称呼、明确定位三个技巧。首先，昵称需要让观众容易记住，不要有生僻字、奇怪的符号和图案等；其次是便于称呼，直播过程中需要观众与主播互动，所以昵称应该便于称呼，这样可以更好地在互动中拉近与观众的距离；最后是明确定位，即在账号中告知观众你是做什么的。如果是商家的账号，账号昵称一般是企业名称或品牌名称的缩写。

2. 头像设计

在头像设计上，须做到图片清晰、尺寸合适、与定位相关、避免营销促销信息。头像一定要清晰，否则在直播平台系统中会被判定存在问题，从观众感知上也会留下"不严谨、不信任、敷衍"等不好的第一印象。图片尺寸一定要符合直播平台的要求，否则会被裁剪，导致画面不完整，也会影响观众的观感和印象。头像内容与定位相关，如果是商家的账号，一般是企业或品牌 Logo；如果只是个人账号，头像要和账号输出内容一致，比如做摄影的，要放一个和摄影相关的头像，而不要放一个美妆类的头像。在头像中不能包含营销促销信息，如果有营销促销信息，直播平台会认为是营销号，轻则限流，重则被处罚。

3. 背景图设计

选择背景图时，同样需要图片清晰、尺寸合适、与定位相关、避免出现营销诱导类信息。可以突出自身优势和特色，一般是特色产品图、企业荣誉图等，背景图上不能出现微信号、QQ 号、电话号码等信息。

4. 简介信息设计

简介位于个人主页，需要明确定位方向、价值、特色和亮点，也可以对直播时间和内容等做一些预告。简介信息一般包括三个部分：一是介绍你是谁；二是介绍你主要做什么、提供什么；三是表明感谢。例如，中国邮政各分公司账号简介都会注明"助力农户　振兴乡村"（见图 3-2），一方面展现出账号销售产品品类，另一方面传达出企业的使命和愿景。

图 3-2　中国邮政分公司账号简介信息

> **树德润心**
>
> 中国邮政 IP 定位在助力国家乡村振兴战略，这也是近年来各大企事业单位企业文化朝向的热点。乡村振兴战略是习近平总书记于 2017 年 10 月 18 日在党的十九大报告中提出的战略。2018 年 9 月，中共中央、国务院印发了《乡村振兴战略规划（2018—2022 年）》。其中，农村产业兴旺、农民增产增收和生活富裕是乡村振兴的重要目标。在乡村振兴过程中，通过电商直播赋能乡村，不仅能够解决现有的农产品上行问题，帮助农民增产增收，推动农村产业发展，而且目前农村题材的短视频和直播账号相对较少，竞争程度较小，结合地区农特产品或者乡村文化，比较容易形成账号特色，从而打造独特的直播 IP 账号。比如，"贵州村超"就是成功案例，现在已经成为一个国内外知名的 IP。另外，抖音等平台也特别注重乡村板块，开设了乡村振兴、新农人计划等话题和流量扶持政策，积极推动乡村垂直领域内容的发展。

（三）直播内容、价值观和风格确定

1. 直播内容和价值观

直播内容和价值观是打造成功个人 IP 的核心。优质的直播内容是吸引观众并将普通观众变为忠诚观众的关键因素。内容价值是不变的王道，主播为观众提供的内容价值越大，能够吸引的观众就越多。价值观是要融入直播内容中的，是直播的灵魂。直播内容的打磨和价值观的构建并不是一蹴而就的，需要直播团队慢慢钻研。

2. 风格化的话术

形成颇具个人特色的直播话术有利于为主播赢得更多的机会。提高直播话术的方法就是多听、多练、多总结，通过解构其他主播直播话术的逻辑，分析其切入话题的方式，以及说话的动作、语气、节奏甚至眼神等，从中汲取经验。通过研究对标账号优秀主播风格和话术，形成自身风格，是打造主播 IP 的基础。

（四）直播 IP 内容选题的方法

运营直播账号时，除了直播带货，往往还需要策划直播主题，发布短视频，做到内容和形式丰富化。曼陀罗思考法则是常用的直播 IP 内容选题方法，这个方法主要是运用"产品关联"和"目标人群"两个九宫格来综合分析，从而产生多种思考路径，也就是多个内容选题思路。其中，"产品关联"是指购买产品的人会考虑哪些因素（见表 3-3），"目标人群"是指目标用户群体有哪些兴趣爱好（见表 3-4）。

表 3-3　曼陀罗思考法则产品关联表

	产品关联		购买产品的人会考虑哪些因素

表 3-4　曼陀罗思考法则目标用户群体分析表

	目标人群		目标用户群体有哪些兴趣爱好

例如，你的 IP 领域是房产销售的，就可以列出曼陀罗两个九宫格中的内容，见表 3-5。

表 3-5　曼陀罗思考法则案例分析表

面积	价格	周边配套	
绿化	房产销售	户型	购买产品的人会考虑哪些因素
物业	价格	楼层	
旅游	照顾小孩	聚会	
打游戏	目标人群	省钱	目标用户群体有哪些兴趣爱好
美食	健身	商务	

两个九宫格碰撞产生选题，例如面积+聚会、面积+省钱、物业+健身。不同面积的房子，可以举办不同类型的聚会，围绕这个组合可以做一期或多期短视频或直播；不同面积的房子售价自然不同，据此可以做出多期主题内容；不同类型的物业会提供不同规格档次的设施设备，这样又可以迸发出新的内容创作思路。

任务实操

子任务 3.2.1　直播账号定位调研

（一）任务要求

1. 通过网络平台调研，选择任意一个粉丝数量超过 500 万的直播账号，分析其账号定位。
2. 将讨论内容填写至任务表单。
3. 衔接任务：无。

（二）任务表单（见表 3-6）

表 3-6　直播账号定位调研分析表

调研指标	具体内容
账号名称	
主播名称	
粉丝数量	
IP 定位	
目标人群	
直播商品	
主播特点	
直播间特点	
短视频内容和风格	
成功原因分析	

（三）任务评价（见表 3-7）

表 3-7　任务评价考核表

目标达成维度	评价标准	分值	教师评分 60%	个人自评 20%	小组互评 20%
知识和能力目标	调研分析表内容完整丰富	20			
	调研分析表内容客观真实	20			
	成功原因分析合理	30			
	展示汇报表述清楚、流畅	10			
素养目标	具备较好的团队协作意识	20			
	总分	100			
	最终得分				

子任务 3.2.2　直播账号定位设计

（一）任务要求

1. 鼓励具有较好的社会价值和经济价值且贴近乡村振兴、产业帮扶等的选题，教师也可以提供一些指定方向的选题备选。
2. 将讨论内容填写至任务表单。
3. 完成任务主要岗位：运营岗。
4. 衔接任务：子任务 3.2.1。

（二）任务表单（见表 3-8）

表 3-8　直播账号定位设计表

定位指标		具体内容
商品类目		
IP 账号领域	风格和呈现方式	
	提供价值类型	
	特色记忆点	
	更新持续频率	
目标人群		
"四件套"	昵称	
	头像	
	背景图	
	简介信息	

（三）任务评价（见表3-9）

表3-9 任务评价考核表

目标达成维度	评价标准	分值	教师评分60%	个人自评20%	小组互评20%
知识和能力目标	定位设计表内容完整丰富	10			
	定位设计表逻辑性强	20			
	定位设计表符合账号定位原则	20			
	展示汇报表述清楚、流畅	10			
素养目标	选题具有较好的社会价值和经济价值	10			
	具备较好的团队协作意识	15			
	具有一定的创新意识	15			
	总分	100			
	最终得分				

任务3　打造主播人设

任务描述

在直播账号定位时，除了账号内容领域的确定和"四件套"的设计，人设打造也是一个有效途径，能够较好地树立个人品牌形象，吸引观众的关注和支持。该任务中，我们继续来设计主播的人设形象。

知识储备

一、主播人设的含义

人设即人物设定，原本是形容动漫、小说、漫画等二次元作品中对虚拟角色的外貌特征、性格特点的塑造，如今多用来形容名人向公众塑造的积极向上的正面、讨喜形象。人设即直播或短视频中的角色，或可被快速识别的身份标识，包含外貌、性格、生活背景、价值观等方面。

二、主播人设打造前期分析

（一）分析自身优势

主播可以从硬件和软件两个方面来分析自身的优势。硬件优势是指自身在一定的时间内难以改变的条件，如身高、性格、外貌等。软件优势则是指可以通过后天学习获得的优势，如某种才艺、专业技能等。分析自身的硬件和软件情况，对自己进行合理定位，可以更好地打造人设。大多数人通过分析都能够找到自身优势，重点不

主播人设定位

是把所有的优势都展现出来，而是集中精力展现最大的优势。如果颜值高，就适合做颜值类主播；如果有才艺，就适合做才艺表演类主播；如果是知识型的，就适合做干货分享类主播。

（二）分析领域

主播需要分析自己适合进入的垂直领域。现在比较受欢迎的主流领域是搞笑段子、悬疑、萌宠、美妆、服饰、知识普及类账号。当然，主播的领域和账号的领域是一致的。

（三）分析人设合规度

人设合规度是指主播不能触犯法律法规，不能做有违法律、道德的事情。例如，不能故意卖惨、装可怜，这些都是不符合平台规定的。

（四）分析人设辨识度

在塑造自我人设时，要对比其他同类主播人设进行分析，从对比中寻找自身人设的优势，从而提升自身人设的辨识度。

例如，某主播拥有法国蓝带葡萄酒管理专业的红酒专业背景，在内容制作上与不同的饮料碰撞出火花，给粉丝带来新鲜感，该主播的账号在直播平台上迅速崛起，用户黏性和活跃度都很高，商业价值巨大，一跃成为红酒品类标杆案例。

（五）预估人设的变现能力

主播可以通过是否具备带货能力、是否具有产生商务价值的潜力两个方面来对人设的变现能力进行预估。目标人群市场容量不宜太过狭窄，目标人群应具有一定的消费购买能力。

三、明确主播人设特征

（一）人设维度分析

在确定主播人设前，先分析人设维度。需要根据观众需求、个人特长综合考虑，通常从"我是谁""用户是谁""提供什么""在什么地方"和"解决什么问题"五个维度进行分析，见表3-10。

表3-10 人设维度分析表

人设定位的维度	说明
我是谁	确定身份，如发起人、创始人、联合创始人、传播者等；确定形象，确保形象统一，增加识别性；直播间的昵称、头像、封面等要与主题呼应
用户是谁	观众群体的地域、年龄、性格、偏好、收入状况、消费能力
提供什么	提供产品或服务类型，突出自己的核心竞争力，如质优价廉、小众奇特等
在什么地方	采用的经营模式，如只做线上、线上线下相结合、线上专供、代发带货等
解决什么问题	解决用户哪方面需求

（二）人设标签打造

在人设维度分析的基础上，设计主播人设标签，形成相应公众形象。人设标签可以围绕类型、身份、性格、着装、妆容、口头禅、手势、表情等多个维度来设计，见表3-11。

表 3-11　主播人设标签设计表

人设标签	具体内容
类型、身份	
性格	
着装、妆容	
口头禅	
手势、表情	
其他道具	

任务实操

子任务 3.3　主播人设打造

（一）任务要求

1. 在直播账号定位的基础上，打造主播人设。
2. 讨论后完成任务表单的填写。
3. 完成任务主要岗位：运营岗。
4. 衔接任务：子任务 3.2.2。

（二）任务表单（见表 3-12、表 3-13）

表 3-12　人设维度分析表

人设定位的维度	说明
我是谁	
用户是谁	
提供什么	
在什么地方	
解决什么问题	

表 3-13　主播人设标签设计表

人设标签	具体内容
类型、身份	
性格	
着装、妆容	
口头禅	
手势、表情	
其他道具	

（三）任务评价（见表 3-14）

表 3-14　任务评价考核表

目标达成维度	评价标准	分值	教师评分 60%	个人自评 20%	小组互评 20%
知识和能力目标	人设维度分析表内容完整丰富	20			
	人设设计合理，符合客观情况	40			
	展示汇报表述清楚、流畅	10			
素养目标	具有较好的团队协作意识	15			
	具有一定的创新意识	15			
总分		100			
最终得分					

知识拓展

什么是曼陀罗思考法则？

曼陀罗艺术原本起源于佛教，被今泉浩晃先生加以系统化利用之后，成为绝佳的计划工具。曼陀罗生活笔记最终目的是将"知识"转变为实践的"智慧"。按照此方法制作备忘录，解决学业与工作上各项疑惑，灵感将不断自然涌出。就其形态来看，曼陀罗生活笔记共分九个区域，形成能诱发潜能的"魔术方块"。与以往条列式笔记相比较，曼陀罗生活笔记可得到更好的视觉效果。一般逐条记录的笔记制作方法无法使人产生独特的想法和创意，因为思想唯有在向四面八方发展时才可能产生创意。

曼陀罗思考法则是直播内容策划中常用的方法。直播运营需要策划符合企业营销目标和用户需求的主题，通过曼陀罗思考法则可以兼顾企业目标与目标用户两个维度，让直播或者短视频主题更具有创意、更加丰富，且符合目标用户兴趣点或者痛点。

习题训练

一、单选题

1. 下列关于直播账号定位的原则，说法最为正确和全面的是（　　）。
   A．深度原则　　　B．差异原则　　　C．持续原则　　　D．垂直原则
   E．价值原则　　　F．以上说法均正确
2. 某账号发布的视频内容主要是一些街拍帅哥靓女，是结合了账号定位中的（　　）。
   A．深度原则　　　B．差异原则　　　C．持续原则　　　D．价值原则
   E．垂直原则
3. 某账号发布的视频内容做了半年粉丝还没有起来，主要是因为平时视频发布和开直播时间不固定。这违背了账号定位中的（　　）。
   A．深度原则　　　B．差异原则　　　C．持续原则　　　D．价值原则
   E．垂直原则

4. 以下选项不属于账号设置需要满足的原则的是（　　　）。
   A. 复杂性：设置不能太过简单，可用一些专业术语和观众不易理解的词汇
   B. 够简洁：概括能力很重要，一句话带给对方足够多的信息
   C. 有价值：考虑能够为用户带来什么好处
   D. 贴合自己的人设定位
5. 开通蓝V账号，需要（　　　）认证费。
   A. 500元　　　　B. 600元　　　　C. 700元　　　　D. 免费
6. 品牌营销中，最核心的内容是（　　　）。
   A. 提高销售额　　　　　　　　B. 增加品牌知名度
   C. 增加产品美誉度　　　　　　D. 打造IP

二、判断题

1. 在进行直播IP账号定位时，内容不一定要完全垂直，因为那样会导致用户类型单一。（　　）
2. 主播在进行直播IP账号标签设计时，不宜设计过于明显的口头禅。（　　）
3. 在抖音账号运营和直播前，可以不用对账号进行定位和IP打造，可直接依据擅长更新相关内容。（　　）
4. 曼陀罗思考法则是直播IP内容选题的常用方法。（　　）
5. 在对直播人设定位时，往往要预估人设的变现能力。（　　）
6. 在直播IP定位中，学习同行优质作品是为了模仿他们。（　　）

三、案例分析题

桃子姐传递四川味道

一、"乡村生活+四川美食"，打造桃子姐IP账号

桃子姐账号最初定位为四川美食，主要以家常菜制作为主，烹饪程序简单，即使是厨房小白，也可以轻松复制。运营一年，粉丝数量始终未见质的变化，增长较为缓慢，也未能实现产品品牌化。2019年5月前，在制作了一段时间平淡无奇的美食视频后，桃子姐做了一个大胆的尝试，第一次本人出镜，并在短视频中加入了与家人互动的温馨场景，内容充满了人情味。包子哥朴实憨厚、桃子姐勤劳善良的人物形象，以及他们平凡而温馨的家庭生活，瞬间击中了万千网友的心弦，粉丝数量和视频浏览观看量发生质的变化，从300万粉丝一路涨到2000多万，并创下了一个月涨粉470万的记录，全网粉丝量高达5000万，桃子姐账号也形成了具有四川生活气息和美食文化的IP。

二、聚焦四川味道，打造桃子姐IP品牌

在粉丝快速增长过程中，桃子姐并未选择传统的广告收益变现，依然坚持初心理念，"让更多乡村美食走出去"，做好桃子姐美食品牌，专注复合调味品赛道，让更多的人在家里也能轻松烹饪美味。桃子姐的品牌核心产品钵钵鸡调味料在起盘销售初期，并未得到用户的青睐，但是经过桃子姐从产品选材、研制到加工各环节精益求精，不断优化完善，产品口味进一步提升。另外，桃子姐不断研究消费者需求，优化短视频和直播内容，突出产品特色，终于在2020年9月迎来爆火，单集短视频带货超过30万单，并且在短短数月内月销售额就突破1400万元。随后，桃子姐在一场直播中创下单场销售额8000多万元的惊人纪录，可见消费者对其产品和IP的信任。这一惊人成就不仅彻底改变了桃子姐的生活，更让他们成为推动地方经济发展

的新引擎，带动了荣县当地 1000 多人就业，村民收入实现 3 倍增长。

三、桃子姐成功密码解析

密码一：真实的力量

桃子姐的走红，首要在于其视频内容的真实性。在浮华的网络世界里，他们以红砖瓦房为背景，以一日三餐为线索，展示出未经修饰的四川农村生活。这份真挚与质朴深深打动了广大网友，他们从桃子姐夫妇身上看到了自己对简单生活的向往，对家庭温暖的眷恋。

密码二：情感的共鸣

桃子姐的视频中，夫妻间的拌嘴、互助、关爱，无不流露出深厚的情感纽带。他们对生活的热爱、对彼此的尊重、对家庭的责任感，让观众感受到人间真情的暖意。这种情感共鸣跨越地域、年龄、职业，使桃子姐成为众多网友心中的"理想家人"，形成了强大的粉丝黏性。

密码三：价值的传递

桃子姐以美食为载体，传递了中国乡村的饮食文化与生活哲学。她的视频和直播不仅展示了川菜的独特魅力，更传达了勤劳、节俭、乐观、互助等传统美德。这种积极的价值观在潜移默化中影响着观众，实现了价值的传递。

密码四：内容垂直聚焦

桃子姐以"小而美"的产品细分，倾听用户对口味的需求，不断优化提升产品。桃子姐内容生产的垂直化、情感表达的认同化、表现方式的多元化、个人形象打造的品牌化，对当今乡村文化的传播有所启示，即应注重以人为本的传播理念，坚持垂直内容表达的真实性，以"讲故事"的方式传播乡村美食文化，打造乡村特色美食文化 IP。

四、启示与展望

由桃子姐的成功可以看出，优质内容始终是吸引用户的核心竞争力，而真实、情感与价值传递则是构建内容魅力的关键，只有这样才能形成具有特色的 IP 账号。未来，随着 5G、AI 等技术的发展，直播电商将迎来更广阔的舞台，但无论形式如何变化，贴近用户需求、传递正能量、创造独特价值，将是每一位主播赢得市场的永恒法则。

（资料来源：https://www.sohu.com/a/784392892_121814835；https://isee.foodaily.com/awards/448）

思考：观看桃子姐的视频和直播，分析桃子姐账号内容有何特色，并谈谈在打造 IP 账号中需要注意什么。结合桃子姐的案例，谈谈对你 IP 账号定位和打造有何启发。

项目四

选择和规划直播商品，提高订单转化率

学习目标

知识目标
- 掌握直播选品的考虑因素
- 掌握直播间商品结构规划要点
- 理解直播促销定价的形式

能力目标
- 能结合实际情况进行直播商品选择
- 能对商品进行合理定位、规划和排列

素质目标
- 提升用户市场服务意识
- 增强市场竞争意识
- 培养团队协作意识
- 培养知行合一的学习态度

赛证对接

网络直播运营职业技能等级标准

版本：2021 年 1.0 版
制定方：中广协广告信息文化传播有限责任公司
职业技能等级：中级

工作领域	工作任务	职业技能要求
2．内容运营	2.2　直播选品	2.2.1　能通过直播平台或第三方调查报告搜集直播观众的性别占比、年龄段、地域分布等基本数据，以及价格偏好、兴趣偏好等动态数据，建立核心用户群体的标签，构建目标用户画像 2.2.2　能使用直播后台工具，搜集同品类直播竞争对手和对标账号信息，进行竞品分析，制定差异化竞争策略，实现销售增量 2.2.3　考虑刚需、消费频次和品牌知名度等因素，能对产品进行品类定位及划分，规划直播产品坑位数量及货品结构比 2.2.4　考虑流量来源及流量趋势，规划直播产品讲解时的搭配和直播主题相结合

任务 1　选择直播商品

▌任务描述

直播商品的选择是直播运营的核心环节，直接决定了带货的转化率。在海量商品中，选择合适的直播商品，是一项综合性强的技术活。头部主播通常有专业的选品团队来进行选品，我们在直播间看到的产品都是专业团队筛选出来的。在该任务中，我们需要结合多方面因素科学选品。

▌知识储备

直播选品考虑因素包括直播选品目标、粉丝画像、符合个人 IP 形象、结合热度、高性价比、展示性强、查看数据、精选货源、竞争对手等。

一、直播选品目标

直播运营团队需要首先明确直播选品的目标。直播选品目标就是通过选品达到的直播目标。目标分为两种：一是通过选品增加销量，获得利润；二是通过选品保持或提升人气，增加粉丝数量。这两种目标侧重点是不一样的。当然，直播带货的终极目标是增加销量、获得利润，但是有些时候开展直播主要是为了提升人气和粉丝数量，其次才是增加销量，这种情况下，产品的价格就会比较低。在不同情形下，需要做出不同的分析决策。

二、粉丝画像

通过直播平台的后台数据分析，了解粉丝年龄、性别、地域、兴趣爱好、消费水平等数据，形成粉丝画像，可作为直播商品选择的重要参考。首先，了解粉丝的年龄、性别、地域等基本属性，可以帮助直播团队选择更符合用户需求的产品。例如图 4–1 中，51 岁及以上的女性粉丝占比超过 80%，因此适合推出养生类或日常家用类商品。如果粉丝主要是年轻女性，则可以选择一些时尚、美妆、家居等符合她们兴趣的产品。

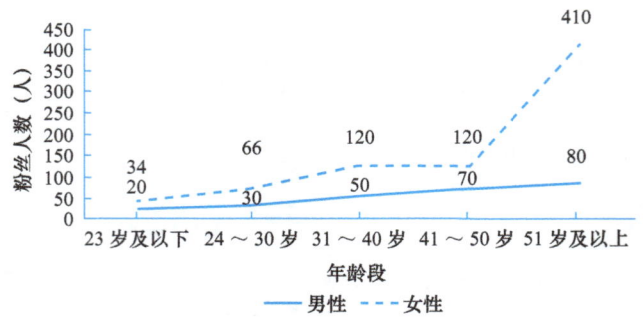

图 4-1 粉丝性别、年龄人群画像分析

其次，了解粉丝的消费水平和购买习惯，如消费频率、消费场合、购买价位、购买心理等。

最后，直播间产品品类选定后，根据用户需求确定品类、规格等细节。例如，对于食品类商品，要了解用户偏爱什么口味，如甜、辣、酸甜、酸辣等；对于服饰类商品，要了解用户喜欢什么风格，如可爱风、中性风、运动风等。

三、符合个人 IP 形象

如果主播为内容垂直达人，为了符合个人 IP 形象，应选择与账号定位相关的垂直领域产品，产品与主播人设相互匹配，切勿跨度太大，且产品具有一定的特色。例如，美妆主播应选择一些符合本人肤质和整体形象的化妆品进行演示和介绍，这样能够更好地吸引观众的关注。

四、结合热度

有热度的商品可能会成为当下爆款商品，从而进一步激发用户购买欲，本来不感兴趣的用户也可能会产生购买行为。首先，直播爆款商品可以吸引更多观众观看直播，增加直播人气和销量数据，提高直播间的知名度和影响力。其次，直播爆款商品通常具有高品质和良好的信誉，通过直播演示和介绍，可以让消费者更深入地了解商品的品质和特点，提高消费者对商品的信任度和忠诚度。庞大的消费群体能为直播间带来不菲的收益。例如：走红全国的广西柳州螺蛳粉（见图 4-2），在很长一段时间里，以吃播为主题的直播间都在销售此类商品，并且销量很高。儿童泡泡相机、星巴克猫爪杯、韩国火鸡面、红豆薏米茶，这些商品在火爆时期也是全网热卖。

图 4-2 爆火广西柳州螺蛳粉

树德润心

2020 年 4 月 20 日，习近平总书记在陕西考察期间，与柞水县小岭镇金米村的村民交谈时表示，电商作为新兴业态，既可以推销农副产品、帮助群众脱贫致富，又可以推动乡村振兴，是大有可为的。围绕农产品，在电商平台进行各种尝试，上下打通，让整个乡村"活"起来。电商直播助农，对于中国的社会发展进程具有重要的意义。

另外，也可以通过查询平台支持的一些数据分析网站搜索热点榜单，例如抖音旗下的巨量算数，可以分行业查询热门品牌账号和社会热点，如图4-3所示。

图4-3　抖音旗下巨量算数品牌榜

五、高性价比

消费者在直播间购买产品的原因无外乎两个：一是价格便宜；二是方便快捷。直播团队在选品时应主要选择客单价偏低、性价比高、实用性强且好评率高的商品。质量好但价格较高的商品，很难让用户产生即时性消费下单的心理。

高性价比商品可以从以下几个方面参考：

（1）价格。价格是影响消费者购买的重要因素之一，选择价格适中、品质优良的商品可以吸引更多的消费者。

（2）品牌。选择知名品牌的商品可以保证品质和售后服务，增加消费者的信任度。

（3）功能性。选择功能齐全、实用耐用的商品可以满足消费者的需求，提高他们的满意度。

（4）材质。选择优良材质的商品可以保证产品的耐用性和舒适性，提高消费者的使用体验。

（5）时尚性。选择时尚、潮流的商品可以吸引年轻消费者的关注。

（6）口碑。选择普遍口碑良好、消费者评价高的商品。

六、展示性强

直播选品时应优先选择有外观优势、使用方法以及效果比较直观的产品。选择这样的产品，在展示产品可以参考线下展示的方式，观众更有代入感，能更直观地了解产品的性能。例如，直播销售如图4-4所示的儿童电动玩具时，可以放入电池，让玩具随着音乐摇摆起来，效果非常直观，更容易吸引家长们的眼球。

图4-4　儿童电动玩具

七、查看数据

直播团队中,运营应该根据多重数据选品:一是以往自身直播数据;二是同行销售爆款商品。平台商城查询同行销售数据,例如,搜索直播平台选品广场中的"面膜"类目,按照销量从高到低排名,则可以查看最为畅销的商品。另外,还可以通过购买一些数据分析平台的付费业务来获取一手数据,如蝉妈妈、抖查查。直播过程中应根据实时数据变化来调整商品规划,主要参考数据有实时在线人数、粉丝增长率、点击转化率及粉丝互动频率等。

八、精选货源

货品来源不同,进货成本、货源稳定性、货品质量等有很大的区别,因此需要精心组织货源。货源主要有以下四种:

1. 分销平台

很多短视频电商平台建立了与其他平台合作的分销平台。例如,抖音和淘宝、京东、唯品会等搭建了分销平台。利用分销平台进行直播带货,其优点是适合零基础、想快速启动且自身无货源的团队,但缺点是佣金不稳定,自己不能确定发货时间。

2. 合作商

这类货源主要来自厂商主动寻求合作。其优点是品牌货后端有保障,转化率较高;缺点是品牌货利润较低,品牌商会抽走一部分利润。图4-5所示为政府组织召开的万人选品博览会,帮助商家对接货源。

图4-5 万人选品博览会

3. 自营品牌

这类货源主要靠团队招商,贴牌居多。其优点是利润率高,适合头部主播;缺点是对供应链、货品更新、仓储要求高。

4. 供应链

这类货源的供给方为企业自身,实现了产供销一体化拓展。其优点是通过商家自播,利润非常高,全部利润自身获得;缺点是需要投入大量资金建设供应链,资金压力大,一旦某个环节出现问题,资金链就有可能断掉,适合实力雄厚的大企业。

九、竞争对手

通过与同行间的竞品分析，可了解相互产品优劣势，明确自身产品卖点、定价范围、折扣策略。除了了解同平台竞争卖家的店铺和商品情况，还要在不同平台上进行横向比较。

> 任务实操

子任务 4.1.1　直播商品选择

（一）任务要求

1. 在自建直播账号或教师提供合作企业直播账号的基础上，结合各种因素，利用各类电商购物平台进行直播选品，也可从线下市场选品。

电商平台可参考淘宝、1688、拼多多，直播平台自带选品广场（池）。

2. 直播时长 1.5～2 小时，根据该时长选择合适的直播商品数量。
3. 完成任务表单，填写相关参数信息，一品填写一行（不同SKU[①]分别列举）。
4. 完成任务主要岗位：运营岗。
5. 衔接任务：子任务 3.2.2。

（二）任务表单（见表 4-1）

表 4-1　直播选品一览表

序号	产品名称	产品规格	采购价格（元）	佣金（元）	供应平台/市场、发货商家联系人及联系方式	免费寄样条件	可提供产品数量

（三）任务评价（见表 4-2）

表 4-2　任务评价考核表

目标达成维度	评价标准	分值	教师评分 60%	个人自评 20%	小组互评 20%
知识和能力目标	直播选品一览表内容完整丰富	10			
	直播选品一览表内容客观真实	10			
	直播选品数量设置合理	10			
	直播选品科学，符合原则	40			
	汇报展示表述清楚、流畅	10			
素养目标	具备较好的团队协作意识	10			
	具备良好的卖家沟通意识	10			
	总分	100			
	最终得分				

[①] SKU 即最小存货单位。

子任务 4.1.2　直播竞品调研分析

（一）任务要求

1. 通过网络或线下调研，搜索商品和商家信息，填写任务表单，分析比较竞品和所选产品间的异同，内容围绕品牌、卖点、在售价格与福利活动、既往销量、平台、卖家情况等展开，最后进行竞品和选品间的综合评价。
2. 调研同平台不同卖家、不同线上平台或线上线下的不同渠道竞品。
3. 根据调研结果，可调整表 4-1。
4. 完成任务主要岗位：运营岗。
5. 衔接任务：子任务 4.1.1。

（二）任务表单（见表 4-3）

表 4-3　直播竞品调研分析表

品名	规格	平台	品牌	卖点	在售价格与福利活动	既往销量	卖家情况	竞品与选品间的综合评价
选品 1								
竞品 1								
竞品 2								
选品 2								
竞品 1								
竞品 2								
…								

（三）任务评价（见表 4-4）

表 4-4　任务评价考核表

目标达成维度	评价标准	分值	教师评分 60%	个人自评 20%	小组互评 20%
知识和能力目标	直播竞品调研分析表内容完整丰富	20			
	直播竞品调研分析表内容客观真实	20			
	竞品与选品综合较中肯	30			
	展示汇报表述清楚、流畅	10			
素养目标	具备较好的团队协作意识	20			
	总分	100			
	最终得分				

任务 2　定位直播商品和规划结构

任务描述

在上述任务中，团队已经选出了直播商品，并且进行了市场调研分析。接下来需要明确每一款选品的定位，即其在直播中发挥的功能。规划直播商品的定位和结构，称为直播间的排兵布阵。

知识储备

一、直播商品定位

货品是直播运营的中心。流量利用效率决定了推流速度，货品转化率越高，平台给的推流速度就越快。从直播间货品分类来说，一般把直播间货品按照直播功能定位分类，分为印象款、引流款、福利款、利润款和品质款。不同类型的货品所占比重也是不一样的。

直播商品定位和结构

（一）印象款

印象款是指在直播间交易后留下一定印象并且打算持续购买的商品。当产生第一次交易以后，用户会对主播或直播间留下印象，形成一定的信任度，再次进入直播间继续购买的概率也会增加。适合作为印象款的商品可以是高性价比、低客单价、价格透明、复购率高的常规商品。每一场直播，除了新品，需要安排一些印象款的返场销售。同时，一场直播更新的商品总数一般要达到整场直播总商品数的50%，才会带给用户源源不断的吸引力。

印象款需要具备以下特点：①适用性。印象款应该具有广泛的适用性，能够满足不同消费者的需求，从而增加购买的可能性。②性价比。印象款应该具有较高的性价比，既要有品质保证，也要价格合理，让消费者觉得物有所值。③口碑。印象款应该具有良好的口碑，消费者对其评价较高，可以增加信任度和购买欲望。

一场直播中，印象款占比一般是20%。

（二）引流款

引流款是指能吸引大量流量、性价比高的商品，毛利率处于较低或中间水平。为了营造热闹的氛围和提升利润，引流款一般会用在直播开场、利润款上架前或人气低迷时，甚至直播结尾时引入，因此每一个带货主播在直播时都应该设置引流款商品。引流款应多备库存，作为直播间人气调节的工具。要想提高商品转化率，引流款须是大众商品，要能被大多数用户接受，并且具有一定的独特性或优势。可在观看达到峰值时设置引流款，以此来增加新粉丝或延长观看时长。另外，引流款也可以是新款。引流款同后期要销售的利润款不存在冲突关系，但不能和利润款属于同类型产品，否则会影响利润款的销售。

引流款通常具有以下特点：①价格吸引。引流款通常具有明显的价格优势，能够吸引消费者进入直播间。②品质保证。引流款必须具有一定的品质保证，让消费者在购买后感到满意，才能增加信任度和忠诚度。③互动性。引流款可以在直播过程中进行互动，例如抽奖、抢购等，增加消费者的参与度和购买欲望。④适用性。引流款应该具有广泛的适用性，能够满足不同消费者的需求，增加购买的可能性。

一场直播中，引流款占比不用太高，一般是20%。

（三）福利款

福利款是指粉丝专属款，也就是常说的"宠粉款"，直播间的用户只有在加入粉丝团以后，才有机会抢购福利款，并且不同级别的粉丝可以享受不同级别的价格。福利款有效促进直播间的观众转化为粉丝，增加粉丝黏性。福利款的性价比往往也是比较高的。

福利款通常具有以下特点：①价格优势。福利款通常具有明显的价格优势，比其他同类商品价格更实惠，能够吸引消费者购买。②互动性。福利款通常会在直播过程中进行互动，例如抽奖、抢购等，能够较好地起到吸引粉丝的作用，能够激发消费者的购买欲望和参与热情。③引流作用。福利款还可以起到引流的作用，通过吸引消费者进入直播间，增加观看量和互动量。④利润空间。福利款虽然价格较低，但仍然要具有一定的利润空间，以保证直播带货的盈利。

一场直播中，福利款不用很多，占比一般是10%。

（四）利润款

利润款是直播间带货实现盈利的产品，利润款在所有产品中占比应该达到40%以上。利润款适合粉丝中的一小部分群体，这些人有消费能力并且愿意消费。利润款也可以是价格不算高但是利润特别高的商品。利润款上架的时段要选择直播间人气和流量较高时，确保利润款商品被更多的人看到，增加商品的转化率。

利润款通常具有以下特点：①高价值。利润款通常具有较高的价格，能够带来较大的利润空间。②高品质。利润款必须具有高品质，能够满足消费者的需求，提高消费者对商品的信任度和忠诚度。③爆款。利润款通常是一些爆款商品，具有较大的市场需求和销售潜力。④附加值。利润款应该具有一定的附加值，例如售后服务、品牌影响力等，能够增加消费者的购买欲望和忠诚度。

一场直播中，利润款占比至少要达到40%甚至更高，它是直播中重点推荐讲解的对象。

（五）品质款

品质款是指具有一定品质和价值的商品，能够吸引追求品质和口碑的消费者。品质款能提升直播间形象，为用户增添好感，该产品应满足高品质、高调性、高客单价的特点，引导用户驻足观看，但其价格和价值可能略高于用户预期。总之，品质款商品不是为了利润，而是为了支撑直播间的形象而存在的。

品质款通常具有以下特点：①高品质。品质款必须具有高品质，能够满足部分消费者的需求，提高消费者对商品的信任度和忠诚度。②价格偏高。品质款的价格一般偏高，以满足中高等消费水平的需求。③良好的口碑。品质款通常具有较好的口碑和品牌形象，能够吸引更多的消费者。

选择品质款时，需要考虑直播的主题和目标受众，同时也要考虑自身的供应链和库存情况。一般来说，品质款应该具有一定的市场需求和销售潜力，能够为直播间带来潜在的收益。在直播过程中，主播需要对品质款进行详细的介绍和解释，突出商品的品质和优势，以增加消费者的购买欲望和忠诚度。

一场直播中，品质款占比一般是10%。

综上所述，直播商品的一般结构规划如图4-6所示。

在一些直播中，也可简化将商品分为引流款、福利款和利润款三种类型，方便归类管理。

（六）不同定位直播商品的确定

在确定具体商品的定位时，应综合成本、售价、利润、畅销度等因素，而成本中应考虑促销、物流、管理等开支。例如，一款商品要定位为引流款，其畅销度一定是不错的，切实能起到引流的作用，如果商品是滞销过季款就不合适了。经成本收益的测算，利润至少占进货价的

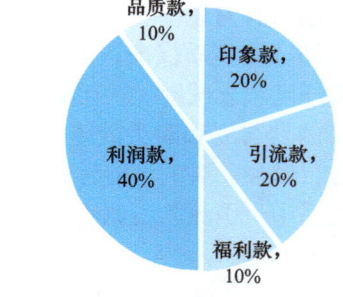

图4-6 直播商品一般结构规划

30%～40%，利润率较高，才适合作为利润款商品。作为福利爆款，一般是性价比高且热门的商品。

二、直播商品精细化管理

（一）排品顺序

直播排品顺序即商品在实际讲解或购物车链接中安排的先后顺序。一般来说，按照引流款、福利款、利润款的顺序，先讲解引流款，将人气引入直播间，再讲解福利款，让粉丝在直播间多多停留，当观看人数达到一定数量后再重点讲利润款，确保利润款在大范围人群中的有效触达和转化。一些互补性的商品链接和讲解应安排在一起，方便用户搜索购买，如牛排和煎锅、玩具和收纳箱、皮衣和保养剂。

（二）价格区间

直播团队在设置直播间商品价格区间时，需要考虑多个因素，包括商品成本、市场行情、目标受众的购买能力等。了解商品的成本，包括采购成本、物流成本等，确保售出的价格能够覆盖成本，并保证一定的利润。了解市场行情和竞争对手的价格情况，避免价格过高或过低，确保价格具有竞争力和吸引力。了解目标受众的购买能力和消费习惯，根据目标受众的实际情况设置合理的价格区间。考虑直播间的促销活动和营销策略，如打折、满减等，确保价格区间能够适应促销活动的需求。考虑商品的定位和品质，高品质的商品可以设置相对较高的价格区间，而大众化的商品可以设置相对较低的价格区间。

（三）库存配置

直播商品上架应注意库存的设置符合"保持饥饿"原则，是提升直播转化率的有效方法，直播团队要根据当场直播的总观看人数和当前在线观看的人数来配置库存量，给观众制造抢购、稀缺的氛围感。库存配置数量基本保持在低于在线人数50%的水平。

（四）预留和返场

在直播间中，商品的预留和返场是提高销售额和增加用户黏性的有效手段，直播团队要根据商品有效配置。需要选择具有较高人气的商品作为预留商品，可以通过"直播宝贝TOP榜""店铺销量排行榜""主播展示视觉优质"等参考维度进行选择。同时，需要考虑商品的库存和供应情况，确保预留商品充足和及时供应。商品返场应制定明确的返场规则和返场策略，如返场时间、返场优惠等，吸引用户关注和购买。同时，需要考虑返场商品的库存和供应情况，确保返场商品的充足和及时供应，在策略上根据用户反馈和销售数据，灵活调整返场策略，如增加商品数量、降低价格等，以吸引更多用户购买。

在所有直播过的商品中选出至少10%的优质商品作为预留和返场商品，并应用到以下几个场景中：

（1）日常直播一周后的返场直播，将返场商品在新流量中转化。
（2）当部分商品因特殊情况无法及时到位时，将预留商品作为应急补充。
（3）遇到节庆促销日时，将返场商品作为活动商品再次上架。

三、直播商品促销定价

在直播间销售商品时，主播的本质是销售，主要目的是将橱窗商品销售给直播间用户，因此直播间促销活动的开展是提升产品销量的有效方式。直播团队可以选择以下几种促销活动形式。

（一）纪念促销

纪念促销是指以特殊的节日或节气为契机，为满足消费者节日仪式感，在直播间开展的一种促销形式。纪念促销形式见表 4-5。

表 4-5　纪念促销形式

纪念促销形式	举例
节日促销	国庆节、妇女节、端午节、中秋节
会员促销	VIP 红包满减、新入会员特价、会员日促销
纪念日促销	周年庆活动
周期促销	每周三上新、每月 8 号特惠场

（二）限定促销

限定促销是在直播时限定抢购时间、地点或数量，同时促销价格低于市场价，使用户产生紧迫感，从而尽快做出购买行为。以下是一些直播间限定促销的策略：

1. 时间限定促销

在特定时间段内提供特别优惠，例如在双十一、618 等电商节日或者周末、节假日等时间段提供特别优惠。这种限定可以刺激用户在特定时间段内的购买欲望和购买量。

2. 地点限定促销

在特定地区或场所提供特别优惠，例如在某个城市或者某个商场的直播间中提供特别优惠。这种限定可以吸引更多该地区或场所的用户关注和购买。

3. 场景限定促销

在特定场景或用途中提供特别优惠，例如在直播间中展示某个场景或者用途的产品并提供特别优惠。这种限定可以满足用户的特定需求，提高用户购买的转化率。

4. 数量限定促销

在直播间中限制购买数量，例如每个用户只能购买一定数量的商品。这种促销方式可以利用人类的竞争和抢购心理，促使消费者尽快下单购买。

（三）组合促销

组合促销是指直播团队根据直播间产品品类情况和消费者购物习惯，将不同产品进行捆绑销售的一种促销方式，合理组合商品，满足销售利润最大化。表 4-6 列举了组合促销的常见形式。

表 4-6　组合促销形式

组合促销形式	举例
搭配促销	套装打 6 折
捆绑式促销	买裙子送袜子
连贯式促销	第二件半价、买二送一

（四）奖励促销

奖励促销是指主播在直播间以发送优惠券的方式进行促销。这种方式不仅可以提升直播间热度，还可以增进粉丝购买欲望，从而促成下单支付。奖励促销的形式主要有三种：抽奖式促销、优惠券促销和阶梯式促销，见表 4-7。

表 4-7　奖励促销形式

奖励促销形式	举例
抽奖式促销	下单满 200 元可以抽奖 1 次
优惠券促销	发放优惠券、现金券
阶梯式促销	买 1 件打 9 折，买 2 件打 8 折，买 3 件打 7 折

（五）时令促销

时令促销分为季节性促销和反季节促销。季节性促销是指具有季节性的商品在季节更替时进行清仓大甩卖的直播促销，以"清仓""大甩卖"的名义吸引用户。以下是一些直播间时令促销的策略：

1. 季节性产品促销

针对特定季节的产品进行促销，例如夏季卖冰激凌、冬季卖羽绒服等。这种促销方式可以利用季节性消费需求，吸引消费者购买特定季节的产品。

2. 季节性搭配促销

根据季节特点，将相关联的产品进行搭配促销，例如夏季卖游泳用品套餐、冬季卖火锅食材套餐等。这种促销方式可以利用产品关联性，提高消费者购买的整体价值感。

3. 季节性限时促销

针对特定季节的特定时间段进行限时促销，例如夏季限时秒杀、冬季最后疯抢等。这种促销方式可以利用时间紧迫感，促进消费者购买决策。

任务实操

子任务 4.2　直播商品定位

（一）任务要求

1. 在表 4-1 的基础上，制定商品平时销售价、直播间销售价，初步拟定直播促销福利，扣除物流费用等成本，计算商品利润。
2. 确定直播商品定位，完成任务表单，一品填写一行（不同 SKU 分别列举）。
3. 完成任务主要岗位：运营岗。
4. 衔接任务：子任务 4.1.1、子任务 4.1.2。

（二）任务表单（见表 4-8）

表 4-8　直播商品定位分析表

序号	产品名称	产品规格	采购价格（元）	其他成本（元）（物流费用）	其他成本（元）（促销）	利润（元）	直播商品定位

（三）任务评价（见表 4-9）

表 4-9　任务评价考核表

目标达成维度	评价标准	分值	教师评分 60%	个人自评 20%	小组互评 20%
知识和能力目标	直播商品定位分析表内容完整丰富	10			
	直播商品定位分析表内容客观真实	10			
	直播商品定位科学，符合原则	50			
	展示汇报表述清楚、流畅	10			
素养目标	具备较好的团队协作意识	20			
	总分	100			
	最终得分				

知识拓展

1. 什么是抖音精选联盟？

抖音精选联盟是一个能够同时连接多个商家的 CPS[⊖] 平台，符合入驻要求的商家就可以申请，通过后，将商品设置好佣金，即可添加到精选联盟商品库。想要通过带货来赚取佣金的达人，就能在商品库里挑选产品，将商品链接加入个人主页的橱窗或视频、直播间的购物车内，进行售卖。产生订单之后，平台按期与商家或达人结算。

2. 如何加入抖音精选联盟？

商家想要申请入驻抖音精选联盟，首先需要开通抖音小店，并保证小店处于正常营业状态。点击商家后台"营销中心"，就能看到"精选联盟"的选项，未开通抖音小店的商家则没有这个选项。如果店铺体验分低于 65 分，则会被精选联盟平台清退，需要将店铺的体验分提升到 70 分以上才能重新开通精选联盟。

习题训练

一、单选题

1. 一场直播中，引流款的占比一般为（　　）。
   A. 5%　　　　　　B. 20%　　　　　　C. 30%　　　　　　D. 50%
2. 一场直播中，利润款的占比一般为（　　）以上。
   A. 10%　　　　　 B. 20%　　　　　　C. 30%　　　　　　D. 40%
3. 直播排品顺序一般为（　　）。
   A. 引流款—利润款—福利款　　　　B. 福利款—引流款—利润款
   C. 引流款—福利款—利润款　　　　D. 利润款—福利款—引流款
4. 直播精选货源中，资金压力较大的是（　　）。
   A. 分销平台　　　B. 供应链　　　C. 自营品牌　　　D. 合作商

⊖ CPS（Cost Per Sales）即按销售付费。

5. 直播中粉丝专属，所谓的"宠粉款"一般是指（　　）。
   A. 引流款　　　　B. 利润款　　　　C. 福利款　　　　D. 印象款

二、判断题

1. 一场直播中，最好要配置一些印象品返场，以吸引粉丝前来购买。（　　）
2. 直播选品的目标就是增加销量、获得利润。（　　）
3. 直播商品结构不是一成不变的，主播和运营团队要根据直播过程中的实时数据变化来调整商品规划。（　　）
4. 直播商品中，利润款一定是价格较高的商品。（　　）
5. 为了保证每场直播的新鲜感，维护粉丝黏性，主播要不断更新直播内容和商品类型。（　　）

三、案例分析题

小红书直播超级选品团队来了

近期，某影视明星在小红书上开启了自己的直播带货。一场6个多小时的直播，依靠反吆喝、慢节奏的风格，卖出了3000多万元的销售额，成功登上了小红书带货第一名，连本人的口碑和人气也随之迎来了一波逆转。

明星带货早已不是新鲜事。但该明星的直播，从讲解到选品，风格都和市面上大多明星带货有明显差别，用一个字形容的话就是"慢"，没有"321快下单"的催促，没有吵闹的高声吆喝，主播和助播的讲解温声细语，娓娓道来，很像是朋友之间的聊天。

她直播间的选品，也不走市面上常见的"九块九上车"套路，而是主打中高价位、追求审美和质感的小众设计师品牌，不少都在千元价位。据悉，该团队每次直播前会做四轮选品，明星本人具备较强的审美能力，会亲自把关，一件件试吃，一件件试穿，一件件了解产品特性，这样就放大了该明星在服饰和生活上积累的内容优势。一场直播前期选品需要花费两个星期，所有货品到手后，选品会要持续至少12个小时，还要把一部分尚待确认的产品带回家，花三四天时间试用和感受，货品全部确定后，需要花一天时间研究搭配、一天时间记忆产品信息和直播流程，甚至还准备了万人选品团直播，和观众一起交流试用感受，可以说已经把选品的严谨性做到了一定的新高度。同时，小红书官方也深度参与了选品、品牌撮合等环节。

如果在其他平台，高客单价或许并不那么适用，但在消费力强、追求品质的小红书用户群体里，能买到其他直播间买不到、有质感的产品，反而击中了这部分用户的需求。

她选品的来源主要有三部分：一是自身日常就喜欢或者在用的品牌；二是粉丝画像的购买偏好品牌；三是小红书电商用户偏好或官方自身扶持的品牌——在小红书上，设计师品牌本身就是重点去做的品类。

思考：结合本任务所学，谈谈你对该影视明星直播间取得成功的理解。

Project 5

项目五
策划直播脚本，厘清直播思路

学习目标

知识目标

◎ 掌握直播活动实施的基本步骤
◎ 理解直播流程
◎ 掌握直播整体活动脚本撰写要点和单品脚本撰写要点

能力目标

◎ 能够结合实际情况科学编排一场直播活动流程
◎ 会撰写直播整体活动脚本，能够将互动玩法有效融入直播整体脚本
◎ 能够撰写单品脚本

素质目标

◎ 培养循序渐进、稳扎稳打的工匠精神
◎ 培养团队协作意识
◎ 培养知行合一的学习态度

项目五 策划直播脚本，厘清直播思路

赛证对接

网络直播运营职业技能等级标准

版本：2021 年 1.0 版
制定方：中广协广告信息文化传播有限责任公司
职业技能等级：中级

工作领域	工作任务	职业技能要求
2. 内容运营	2.5 直播脚本撰写	2.5.1 能根据直播主题，结合直播时长、嘉宾特点、直播商品，收集直播脚本素材 2.5.2 能够根据直播销售主题，设定直播带货节奏，拟定脚本大纲 2.5.3 能提炼销售产品卖点，并撰写产品使用场景、功能及价格的介绍文案 2.5.4 能在脚本设计中，制定直播暖场话题、促单及常见问题解答的话术 2.5.5 能够根据脚本大纲，完成脚本撰写 2.5.6 具备直播内容脚本创作突破性思维

任务 1　了解直播实施步骤

任务描述

直播之前，运营团队需要做好前期策划，设计好一份考虑相对周全的直播运营方案，这样才能按部就班、循序渐进地执行直播推广活动。这一任务就来了解直播活动的整体实施步骤和方案的设计。

知识储备

按照直播前、中、后期不同阶段，一场直播一般是按照图 5-1 所示的步骤来实施开展的。

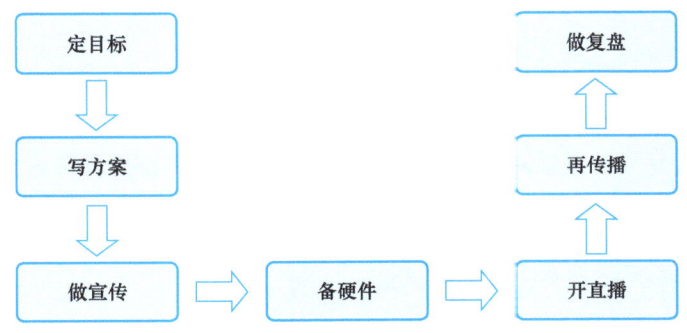

图 5-1　直播活动实施的七个步骤

一、定目标：明确直播营销要实现的目标

直播活动前，只有先确定了目标，才能更好地开展后续工作。企业/品牌商可参考 SMART 原则，即具体性（Specific）、可衡量性（Measurable）、可实现性（Attainable）、相关性（Relevant）和时限性（Time-bound），来制定一场直播营销的目标，尽量让营销目标科学化、明确化、规范化。

直播目标确定

65

1. 具体性（Specific）

具体性是指用具体的语言清楚地表明直播要达到的目标，目标不能笼统、不清晰。例如，"借助此次直播营销提供品牌影响力"就不是一个具体的目标，而"借助此次直播营销活动提高品牌官方微信公众号的粉丝数量××个"则是一个具体的目标。

2. 可衡量性（Measurable）

可衡量性是指直播目标应该是数量化的或行为化的，应该有一组明确的数据作为衡量目标是否达到的标准。例如，在微信视频号直播中的几个主要分析数据——观众人数、最高在线人数、平均观看时长、喝彩次数、新增关注、总热度，可针对这几个数据进行目标量化。"通过本场直播，直播期间使得店铺浏览访问人数超过5000人"就是一个可以衡量的目标。

3. 可实现性（Attainable）

可实现性是指直播目标要客观，是通过努力可以完成的。例如，对于学生创业团队而言，第一次直播要实现销售收入上万元，这样的目标就不容易实现。

4. 相关性（Relevant）

相关性是指直播营销的目标要与企业／品牌商设定的其他营销目标是相关的，与企业品牌主推活动宗旨是一致的。例如，将直播目标设定为"通过直播将商品的生产合格率由90%提高到95%"，这样的目标就不符合相关性原则。同时，企业要将全年、半年、季度、每月、每周的销售任务完成分解到每一次直播任务中，这样就使得单场直播的任务与企业总体营销任务紧密关联起来了。

5. 时限性（Time-bound）

时限性是指目标的达成要有时间限制，这样才有督促作用，避免目标实现被人为拖延。例如，"借助直播让新品销售量突破10万件"，这个目标是缺乏时限性的，而"直播结束三天内新品销售量突破10万件"就是符合时限性要求的。

二、写方案：将抽象思路具体化

撰写直播方案时，要做到简明扼要、直达主题。通常来说，完整的直播方案包括直播目标、直播简介、人员分工、直播场地和时间、直播宣传方式和直播预算六个部分。直播方案一旦确定，不能随意更改。

三、做宣传：做好直播宣传规划

为了达到良好的直播营销效果，让更多人知晓、关注，并且点击进入直播间，需要在直播前进行宣传引流。另外，直播宣传要有针对性，不能简单地追求"在线观看人数"，还要追求目标用户的在线观看人数。所以，宣传要针对目标客户群体开展。例如，在校大学生承接了一场推广母婴类产品的直播，目标人群应该是家庭中的主要成员，如父母、爷爷奶奶、外公外婆，应重点吸引这些人进入直播间。但是，如果只是单纯为了追求直播间在线观看人数，以方便宣传为由，针对大学生群体开展直播前期宣传，即使吸引了很多大学生群体前来观看，销售额也不会上去，无法起到原本规划的效果。

四、备硬件:筹备直播活动硬件支持

为了确保直播的顺利进行,直播运营团队需要选择合适的直播场地,落实直播设备和辅助设备。场地的选择如果能与直播主题相呼应则更好。例如,某品牌羽绒服有一次就选择在雪山上进行直播,如图 5-2 所示。尽管音响、灯光等条件不如室内直播间,主播介绍和团队工作开展也相对比较费力,但是却营造了不一样的身临其境的效果,直播数据和销量自然也不会差。

五、开直播:直播营销活动的执行

做好直播前的一系列筹备工作后,接下来就是正式执行直播活动。直播营销活动的执行可以进一步拆解为直播开场、直播过程和直播收尾三个环节,并将互动玩法融入各环节,操作要点见表 5-1。

图 5-2 某品牌羽绒服在雪山上直播

表 5-1 直播营销活动执行环节的操作要点

执行环节	操作要点
直播开场	通过开场互动让观众了解本场直播的主题、内容等,使观众对本场直播产生兴趣,并停留在直播间
直播过程	直播过程以商品介绍为主,同时借助营销话术、发红包、发优惠券、才艺表演等互动,进一步加深观众对本场直播的兴趣,让观众长时间停留在直播间,并产生购买行为
直播收尾	向观众表示感谢,预告下场直播的内容,并引导观众关注直播间,将普通观众转化为忠实粉丝;引导观众在其他媒体平台上分享本场直播或者本场直播中推荐的商品
互动玩法	穿插于整场直播中,可在开场、过程和收尾环节的任意阶段,形式可以是单次或多次

六、再传播:二次传播,放大直播效果

直播结束并不意味着整个直播工作的结束,直播运营团队可以将直播活动的视频进行二次加工,并在抖音、快手、微信、微博等多个平台上进行二次传播,最大限度地放大直播效果。

(一)选择传播形式

直播运营团队可选择合适的传播形式将直播活动的二次传播信息发布到网络上。常见的传播形式有视频、图文、音频等,直播团队可以选择其中一种形式,也可以将不同形式结合起来。

1. 视频传播形式

(1)直播或商品介绍回放视频。直播运营团队可将直播画面全程录制下来,或单独选择性地录制一些商品的讲解视频。这样直播结束后,就可以通过录制好的素材制作回放视频,错过实时直播的用户可以通过观看直播回放了解商品进而下单。在制作直播回放视频时,可以加上片头、片尾、名称、主要参与人员等信息,以增强直播回放视频的吸引力。

（2）直播片段截取。直播运营团队可以从直播中截取一些有趣的、温馨的、有意义的片段，将其制作成视频发布到网上。例如，某宠物博主在一次直播中将宠物狗带进直播间客串"主播"，推广宠物用品，没想到狗狗进到直播间后就开始呼呼大睡，博主也顺势给它盖上被子。其团队随后将这一段小插曲制作成视频挂到淘宝、抖音、小红书等多个网络平台上（见图 5-3），吸引了大批爱宠人士的关注，进而成交下单，起到了良好的产品宣传和推广作用。

图 5-3　宠物狗进直播间的热门视频

2. 图文传播形式

图文传播是指将直播活动的细节以"图片＋软文"的形式发布到相关媒体平台上，向用户分享直播内容。直播运营团队撰写直播软文时，可以分享行业资讯、提炼观点、分享主播或直播经历等。

（1）分享行业资讯。对于主题严肃的直播，直播运营团队可以通过撰写行业资讯类软文来对直播活动进行二次传播。

（2）提炼观点。提炼观点是指将直播活动的核心内容，如新品的主要功能、企业的未来发展方向、产品的未来研发方向等提炼出来，并撰写成软文。

（3）分享主播或直播经历。主播可以用第一人称撰写类似日记、日志的软文，在软文中回顾直播经历和心得体会。用第一人称撰写的文章比用第三人称撰写的文章更有温度（见图 5-4、图 5-5），也更容易拉近和观众的距离，增加兴趣度。

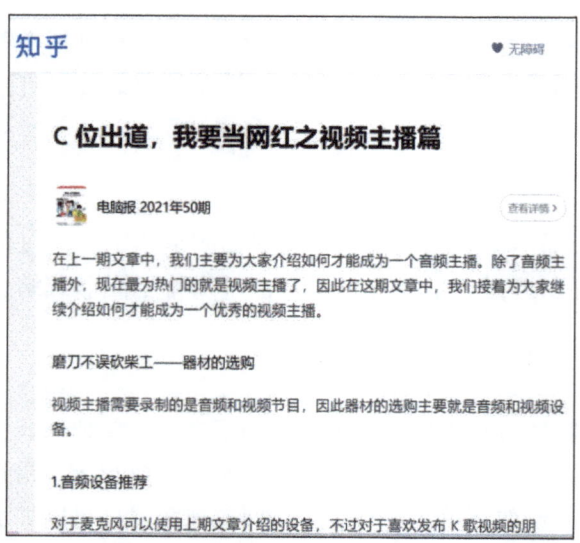

图 5-4　某主播在知乎上分享直播心得

图 5-5　秋叶大叔分享直播心得

（二）选择合适的媒体平台

确定了传播形式和内容，直播运营团队还要根据观看对象的习惯、喜好等将制作好的内容发布到合适的媒体平台上。如果是视频形式的内容，可以发布在抖音、快手、秒拍、腾讯、爱奇艺等平台上；如果是图文形式的内容，可以发布在微信公众号、知乎、今日头条、百家号等平台上。

七、做复盘：直播后经验总结

"复盘"本身是一个围棋术语，是指对弈结束后，双方棋手复演该盘棋的记录，以检查自己在对局中招法的优劣与得失。直播营销复盘包括直播间数据分析和直播经验总结两个部分。其中，直播间数据分析主要是利用直播中形成的客观数据对直播进行复盘，体现的是直播的客观效果；直播经验总结主要是从主观层面对直播过程进行分析与总结，包括直播流程设计、团队协作效率、主播现场表现等。直播运营团队通过自我总结、团队讨论等方式对这些无法通过客观数据表现的内容进行分析，并将其整理成经验手册，为后续开展直播活动提供有效的参考。每一场直播结束后，复盘分析都是不可或缺的。

任务实操

子任务 5.1　策划直播实施步骤

（一）任务要求

1. 按照时间先后，策划一场直播活动，直播时长 1.5～2 小时。
2. 讨论后完成任务表单填写。
3. 完成任务主要岗位：运营岗或策划岗。
4. 衔接任务：子任务 4.2。

（二）任务表单（见表 5-2）

表 5-2　直播实施步骤策划表

时间	工作内容	具体说明
直播前（　）天	确定直播目标	确定通过直播要达成的目标
直播前（　）天	确定直播商品	选择直播的商品，编辑提交直播商品链接、确定直播商品折扣
	确定主播人选	确定是由品牌方自己提供主播，还是由直播运营团队提供主播
	确定直播方式	确定直播的形式、使用的平台类型
直播前（　）天	确定直播间活动	确定直播间的互动活动类型和实施方案
直播前（　）天	确定直播场地和设备	确定直播场地和设备
直播前（　）天	寄样品	落实货源和库存，样品获取和试用验证
直播前（　）天	准备创建直播间所需的相关材料	落实直播间封面图、标题、场景设计 落实主播妆造 落实直播脚本、话术等 准备好直播链接

(续)

时间	工作内容	具体说明
直播前（　）天	直播宣传预热	采取何种形式、渠道对直播进行宣传引流
直播当日	直播执行	人、货、场配合实施直播
直播后（　）天	直播二次传播	采取何种形式、渠道对直播效果进行二次传播
直播后（　）天	直播复盘	对直播效果、目标达成、表现优劣等进行总结优化

（三）任务评价（见表 5-3）

表 5-3　任务评价考核表

目标达成维度	评价标准	分值	教师评分 60%	个人自评 20%	小组互评 20%
知识和能力目标	直播实施步骤策划表内容完整丰富	20			
	直播实施步骤策划表时间分配合理，可操作性强	40			
	展示汇报表述清楚、流畅	20			
素养目标	具备较好的团队协作意识	20			
总分		100			
最终得分					

任务 2　编排直播流程

任务描述

一场直播活动的时间比较长，需要在直播之前做好直播的流程规划。直播营销活动中商品介绍是主要内容，以何种方式安排商品讲解的时间和顺序，这就涉及直播的流程编排。这一任务我们就来展开练习。

知识储备

直播流程大体上分为过款式和循环式两种类型。

一、过款式直播流程

编排直播流程

过款式直播流程是指在直播中按照一定的顺序一款一款地讲解直播间上架的商品，讲一款过一款，不再重复循环。由于一场直播持续的时间比较长，直播间不断有用户进进出出，因此，过款式直播流程可安排在直播结束前半小时左右，主播再将商品快速过一遍，也可以通过全程录制商品讲解，让后续进来的用户也可以看到已讲过的商品的介绍，通过"捡漏"形成更多的订单，提升本场直播的销售额。过款式直播流程一般适合单场直播商品种类较多的情况。表 5-4 就是一场过款式直播流程的策划范例，在 1 小时 10 分钟内，因为要讲解的商品数量达 7 款，数量相对较多，所以选择过款式。总体时间分配为开场预热与互动 15 分钟，宠粉款讲解 20 分钟，利润款讲解 30 分钟，收尾预告 5 分钟，相对较为合理。

表 5-4　过款式直播流程

时间	内容	主播	助理 1	助理 2	运营	产品	
1 小时 10 分钟	全程	丽丽	小琪	小云	老张	宠粉款 4 款	利润款 3 款
8:50—8:55	开播 暖场 预热	和粉丝打招呼 预热今日直播品类 预热今日直播活动	和粉丝打招呼 配合主播暖场	指示牌 引导关注	推送粉丝群 开播信息 发布优惠券 调整库存 数据监控 ⋮	宠粉款 1 宠粉款 2 宠粉款 3 宠粉款 4	利润款 1 利润款 2 利润款 3
8:55—9:05	开播 抽奖	奖品展示 规则口号	引导关注 分享直播间 抽奖引流	互动指示牌			
9:05—9:10	宠粉款 1	产品讲解 节奏把控 内容传递 粉丝维护	尺码推荐 颜色展示 优惠券领取 购买路径演示	样品传递 颜色展示 活动提示牌			
9:10—9:20	利润款 1						
9:20—9:30	宠粉款 2 宠粉款 3						
9:30—9:40	利润款 2						
9:40—9:45	宠粉款 4						
9:45—9:55	利润款 3						
9:55—10:00	预告	预告商品 预告直播间活动	开播时间告知 引导粉丝关注	开播时间指示牌 引导关注指示牌		明日产品	
10:00	下播	复盘					

二、循环式直播流程

循环式直播流程是指直播中循环介绍直播间上架的商品或商品组合。例如，在一场直播中主要推荐 3～5 款商品为一个组合，整场直播中可以安排多个类似组合，主播以 30～40 分钟为一个周期，循环不停地介绍。循环式直播流程一般适合单场直播商品种类不多的情形，但商品之间的组合是经过前期精心考虑和流量测试的，体现为多组"引流款＋福利款＋利润款"或"引流款＋利润款"组合的循环讲解。表 5-5 就是一场循环式直播流程的策划范例，在两个半小时内，因为要讲解的商品数量只有 4 款，数量相对较少，所以选择循环式。总体时间分配为开场预热与互动 10 分钟，商品介绍均为宠粉款 1 款＋利润款 3 款的搭配组合，收尾预告 10 分钟，简单可行、易操作。

表 5-5　循环式直播流程

时间	内容	人员安排			备注
两个半小时	全程	主播	助理	运营	
9:00—9:10	开场预热	欢迎粉丝进入， 预告本场内容	协助欢迎	协助欢迎	
9:10—9:15	宠粉款 1 款	产品讲解	尺码推荐	发放优惠券	
9:15—9:30	利润款 3 款	节奏把控	颜色展示	调整库存	
9:30—9:35	宠粉款 1 款	内容传递	优惠券领取	数据监控	
9:35—9:50	利润款 3 款	粉丝维护	购买路径演示		
9:50—9:55	宠粉款 1 款				
9:55—10:10	利润款 3 款				
10:10—10:15	宠粉款 1 款				
10:15—10:30	利润款 3 款				
⋮	持续循环				
11:20—11:30		预告、明日开播时间、 产品、活动、内容……			
11:30	下播	复盘			

任务实操

子任务 5.2　平台直播流程分析

（一）任务要求

1. 在直播平台上自行选择一场直播并完整观看，分析其流程设计并进行评价。
2. 完成任务表单填写。
3. 衔接任务：无。

（二）任务表单（见表 5-6）

表 5-6　直播流程分析表

指标	具体表现	备注
平台和账号名称		
开播时段		
直播流程类型	过款式（　　）　　循环式（　　）	
时段分配	开播（　　）分钟 商品介绍（　　）分钟 互动玩法（　　）分钟 下播预告（　　）分钟	
讲解商品数量		
讲解商品类型数量	引流款（　　）款 福利款（　　）款 利润款（　　）款	
流程设计和实施评价		

（三）任务评价（见表 5-7）

表 5-7　任务评价考核表

目标达成维度	评价标准	分值	教师评分 60%	个人自评 20%	小组互评 20%
知识和能力目标	直播流程分析表内容完整丰富	20			
	直播流程分析表内容客观真实	20			
	评价中肯，有依有据	30			
	展示汇报表述清楚、流畅	10			
素养目标	具备较好的流程运营意识	20			
	总分	100			
	最终得分				

任务 3　策划直播脚本全案

任务描述

作为主播，有时会遇到这些情况：直播的时候，主播被粉丝带偏，粉丝说什么主播就说什么；主播不知道如何讲解自家商品，或者原来打算播两个小时，结果一个小时就结束了，或者是播了四个小时才结束；做了一场直播，结果脱离了店铺需求，原定的主题是推广新品，结果清仓的款式卖出去不少，新品却未推广出去……以上情况的出现其实是因为没有做好直播脚本的编写。在这一任务中，我们就来练习如何编写直播脚本。

知识储备

脚本是使用特定的描述性语言，依据规定的格式编写的可执行文件。直播脚本是梳理直播流程的文件，能够让直播活动有条不紊地进行，避免随机事件的发生。直播脚本是一个计划，可以通过它预测直播是如何进行的。

策划直播脚本

一、直播脚本的作用

1. 提高直播筹备工作的效率

开播之前制作直播脚本，能够帮助参加直播的人员了解直播流程，明确每个人的职责，各司其职，从而保证直播筹备工作有条不紊地开展。

2. 帮助团队梳理直播流程

直播脚本能够帮助团队各个岗位了解本场直播的主要内容，梳理直播流程，清楚在某个时间点应该做什么、说什么，以及哪些事情还没有完成，减少直播中无话可说、活动规则解释不清楚等情况的发生。

3. 控制直播预算

直播脚本一旦确定，围绕流程开展准备和实施直播，不会产生太大变动，预算自然就可以控制了。

二、整场直播活动脚本策划

（一）整场直播活动脚本策划要点

整场直播活动脚本是对整场直播活动内容和流程的规划和安排，重点是规划直播节奏和玩法。

1. 直播节奏

直播节奏是整场直播中非常重要的一点，就是确定每一个时间段直播的内容。比如，一场直播开始后的前两分钟是主播和粉丝互动、打招呼，然后按照顺序解说商品，点赞到一定数量或在每个整点通过截图抽奖，所有安排都需要在直播脚本中细化。直播开场形式如图 5-6 所示。

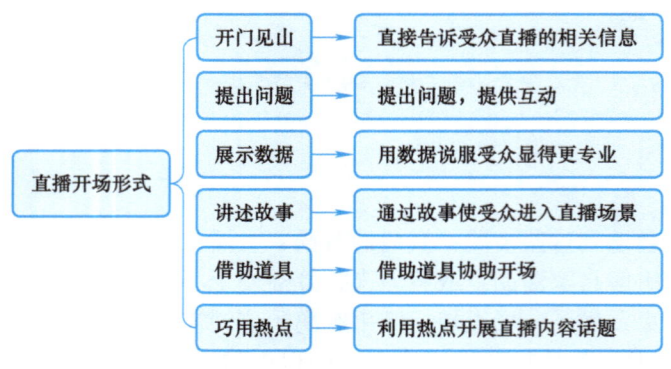

图 5-6 直播开场形式

2. 直播玩法

脚本策划要明确玩法与预算，如果是预算有限的中小卖家，需要控制单场直播成本。比如，一场直播最多可以承受多少优惠券面额、赠品支出，都需要提前预设好。预算预设好之后，还要确定玩法的方式，例如截屏抽奖，或者使用直播后台的一些工具，发放粉丝权益。

（二）整场直播活动脚本范例

通常来说，整场直播活动脚本包括直播目标、直播简介、人员分工、直播场地、直播时间、直播讲解流程、直播宣传方式、活动预算等要素，见表 5-8。

表 5-8 整场直播活动脚本要素

直播活动脚本要素	具体说明
直播目标	明确直播需要实现的目标
直播简介	对直播的整体思路进行简要的描述，包括直播的流程类型（循环式或过款式）、直播平台选择、直播商品类型定位、直播主题等
人员分工	明确直播团队中各人员的分工和职责
直播场地、时间	明确直播场地的选择和直播各个时间节点，如宣传预热的时间点、直播开始和结束的时间点
直播讲解流程	明确各时间段人、货、场的安排，以及商品讲解顺序
直播宣传方式	宣传平台、宣传方式和宣传内容
活动预算	说明整场直播活动的费用预算情况，以及直播中各个环节所需的预算

整场直播活动脚本范例见表 5-9。

表 5-9 整场直播活动脚本范例

直播目标	吸粉目标：吸引 10 万观众观看 销售目标：从直播开始至直播结束，直播中推荐的三款新品销量突破 10 万件
直播主题	秋季护肤小课堂
主播、副播	主播：××、品牌主理人、时尚博主；副播：××
直播时间	2022 年 10 月 8 日，20:00—22:30
直播宣传	直播前一天和前一小时分别在同平台上发布直播预告短视频一条
直播预算	
直播类型	循环式
注意事项	合理把控商品讲解节奏 放大对商品功能的讲解 注意对用户提问的回复，多与用户进行互动，避免直播冷场

（续）

直播流程				
时间段	流程安排	人员行动指向		
^	^	主播	副播	后台／客服
20:00—20:10	开场预热	暖场互动；介绍开场截屏抽奖规则并实施，引导用户关注直播间	演示参与截屏抽奖的方法，回复用户的问题	向粉丝群推送开播通知 收集中奖信息
20:10—20:20	活动剧透	剧透今日新款商品、主推款商品，以及直播间优惠力度	补充主播遗漏的内容	向粉丝群推送本场直播活动
20:20—20:40	讲解商品	分享秋季护肤注意事项，并讲解、试用第一款商品	配合主播演示商品使用方法和使用效果，引导用户下单	在直播间添加商品链接 回复用户关于订单的提问
20:40—20:50	互动	为用户答疑解惑，与用户进行互动	引导用户参与互动	收集互动信息
20:50—21:10	讲解商品	分享秋季护肤补水的技巧，并讲解、试用第二款商品	配合主播演示商品使用方法和使用效果，引导用户下单	在直播间添加商品链接 回复用户关于订单的提问
21:10—21:15	福利赠送	向用户介绍抽奖规则，引导用户参与抽奖、下单	演示参与抽奖的方法	收集抽奖信息
21:15—21:40	讲解商品	讲解、试用第三款商品	配合主播演示商品使用方法和使用效果	在直播间添加商品链接 回复用户关于订单的提问
21:40—22:20	商品返场	对三款商品进行返场讲解	配合主播讲解商品 回复用户的问题	回复用户关于订单的提问
22:20—22:30	直播预告	预告下一场直播的时间、福利、商品等	引导用户关注直播间	回复用户关于订单的提问

三、直播活动单品脚本策划

单品脚本就是针对单个商品的脚本。直播运营团队要将单品脚本设计成表格形式，将品牌介绍、商品介绍、商品卖点、直播利益点、直播时的注意事项等内容一目了然地呈现在表格中，这样既便于主播、副播等全方位地了解直播商品，也能有效地避免在人员对接过程中产生疑惑或不清楚的地方。表5-10是某品牌一款养生锅的单品脚本。

表5-10 某品牌一款养生锅的单品脚本

项目	商品宣传点	具体内容
品牌介绍	品牌理念	××品牌以向用户提供精致、创新、健康的小家电产品为己任，主张用愉悦、创意、真实的生活体验丰富人生，选择××品牌不只是选择一个产品，更是选择一种生活方式
商品介绍	商品参数	品名、颜色、规格、型号、烹制方式等
商品卖点	用途多样	具有煮茶、煲汤、炖粥等多种烹饪功能
^	产品具有设计感	大口径便于多角度清洗 容量适当，一次可以烹饪一个人、一顿饭的食物 高硼硅玻璃冷热不爆
直播利益点	双11特惠提前享	今天在直播间内购买此款养生锅享受双11同价，下单备注"主播名称"即可
直播时的注意事项		现场实物整体和细节展示；有条件的话，可以展示煮茶、煲汤、炖粥等烹制过程，同时展示配套产品（如茶包）

任务实操

子任务 5.3　直播脚本全案策划

（一）任务要求

1. 策划直播活动全案，包括整场直播活动脚本和直播单品脚本，直播时长 1.5～2 小时。
2. 讨论后填写任务表单。
3. 完成任务主要岗位：运营岗或策划岗。
4. 衔接任务：子任务 5.1。

（二）任务表单（见表 5-11、表 5-12）

表 5-11　整场直播活动脚本

直播目标				
直播主题				
直播选品				
人员分工				
直播场地、时间				
直播讲解流程				
直播宣传方式				
直播预算				
注意事项				
直播流程类型		过款式（　　）	循环式（　　）	
时间段	流程安排	人员行动指向		
		主播	副播	场控/客服

表 5-12　直播单品脚本

项目	商品宣传点	具体内容
品牌介绍	品牌理念	
商品介绍	商品参数	（品名、颜色、规格、型号、口味、配料等）
商品卖点		
直播利益点		
直播时的注意事项		

（三）任务评价（见表 5-13）

表 5-13　任务评价考核表

目标达成维度	评价标准	分值	教师评分 60%	个人自评 20%	小组互评 20%
知识和能力目标	直播脚本内容完整丰富	20			
	整场直播脚本策划科学，可操作性强	30			
	单品脚本内容客观真实	20			
	展示汇报表述清楚、流畅	10			
素养目标	具备较好的团队协作意识	10			
	具有较好的流程运营意识	10			
	总分	100			
	最终得分				

知识拓展

什么是直播切片模式？

直播切片模式是一种新兴的营销方式，它涉及将直播内容按照一定规则或标准进行分割，形成较短的视频片段。这些视频片段可以包含直播中的精彩瞬间、关键时刻或特定场景等内容。直播切片模式通常包括以下几个步骤：

（1）直播录制。在直播过程中，主播会介绍商品或进行相关活动。

（2）内容剪辑。直播结束后，将这些精彩片段录制下来，并对其进行二次剪辑，以适应短视频平台的分发要求。

（3）发布与推广。将剪辑后的短视频发布到如淘宝、抖音、快手等平台，利用主播的品牌影响力和平台的推广手段，实现带货效果。

（4）销售转化。通过直播切片，商家可以在不同的平台上展示商品，吸引用户注意力，并促进商品的销售和转化。

直播切片模式不仅适用于明星、网红等知名人士，也适用于普通商家和个人。这种模式的核心在于对直播内容进行矩阵化的复用，通过不同的平台和形式，提升内容的曝光度和影响力，从而实现更高的销售转化率。

习题训练

一、单选题

1. 循环式直播流程中循环的次数为（ ）。
   A. 2次　　　　　　　　　　　　B. 3次
   C. 4次　　　　　　　　　　　　D. 根据商品数量和直播总时长视情况而定
2. "通过直播将商品的生产合格率由90%提高到95%"，这样的直播目标确定不符合直播目标SMART中的（ ）原则。
   A. 具体性　　B. 可衡量性　　C. 相关性　　D. 时限性
   E. 可实现性
3. 在制定一场直播任务时，企业要将全年、半年、季度、每月、每周的销售任务完成分解到每一次直播任务中，这是指直播目标的（ ）原则。
   A. 具体性　　B. 可衡量性　　C. 相关性　　D. 时限性
   E. 可实现性
4. 将直播的核心内容，如新品的主要功能、企业未来的发展方向、产品未来的研发方向等提炼出来，并撰写成软文发表，这是指直播后二次传播中的（ ）。
   A. 直播画面浓缩摘要　　　　　　B. 直播片段截取
   C. 分享行业资讯　　　　　　　　D. 提炼观点
   E. 分享主播经历
5. 直播后复盘的内容包括（ ）。
   A. 分析直播间的数据　　　　　　B. 分析直播流程设计
   C. 分析主播表现和团队协作效率　　D. 以上均正确

二、判断题

1. 直播策划方案目标的SMART原则是指具体性、可衡量性、时限性、可实现性和相关性。（ ）
2. 直播总体方案制定后，后期可以灵活调整。（ ）
3. 直播后二次传播的目的是通过带货提高销量。（ ）
4. 某账号双11大型促销活动采取过款式直播流程为宜。（ ）
5. 新人直播的开播时间应选在晚上黄金时间段，因为那时流量大、观看人群多。（ ）

三、简答题

1. 直播目标确定的SMART原则指哪几个方面？
2. 直播流程规划分为哪两个类型？分别适用于哪些范围？

Project 6

项目六
设计直播互动玩法，汇聚流量人气

学习目标

知识目标

◎ 掌握直播间主要的互动玩法、操作技巧和注意事项
◎ 了解直播付费推广
◎ 理解直播粉丝运营管理的常见方式

能力目标

◎ 能根据平台功能和规则要求设计一场直播的互动玩法
◎ 能策划粉丝运营管理方案

素质目标

◎ 培养精益求精的工匠精神
◎ 培养团队协作意识
◎ 培养知行合一的学习态度

赛证对接

网络直播运营职业技能等级标准

版本：2021 年 1.0 版
制定方：中广协广告信息文化传播有限责任公司
职业技能等级：中级

工作领域	工作任务	职业技能要求
2. 内容运营	2.3 直播内容策划	2.3.1 能根据公司定位和规划方案，策划直播抽奖、福利赠送等直播优惠活动 2.3.2 能在直播环节设计中，合理进行限时限量、锚定价格、秒杀等直播活动玩法的策划 2.3.3 能根据行业特点，结合节日及热点进行直播专场策划 2.3.5 具备热点敏感度和热点捕捉能力以及良好的创新思维

任务 1　玩法提升直播间互动氛围

任务描述

在直播流程中，除了产品介绍，还应该有一些互动环节来提升直播间的人气，增强用户的购买欲望。那么，常见的直播互动玩法有哪些呢？在实施时的注意事项是什么？另外，你是否听说过通过付费的方式引导流量进入直播间？付费推广的方式又分为哪些？我们在这一任务中来学习。

知识储备

一、直播互动玩法设计的主要考虑因素

直播间互动玩法设计时，主要考虑因素有目标受众、成本预算、互动方式、活动效果等。

（一）目标受众

了解目标受众至关重要。他们的年龄、兴趣、所在地等都会影响直播互动方式的设计。例如，年轻观众可能更喜欢快节奏的、有挑战性的互动，而年长的观众可能更喜欢简单、直接的互动。

（二）成本预算

直播时开展互动玩法，有些需要一定的费用开支，例如红包、抽奖礼品、赠品等，有些可以由厂家提供，有些则需要直播运营团队自行准备。直播运营团队要在直播的费用预算范围内设计互动玩法。直播活动越大型，费用一般会越多，越早准备越好。

（三）互动方式

1. 互动方式和内容

直播互动的方式可以多种多样，包括评论、点赞、投票、答题、抽奖、发红包等。可以根

据直播内容和目标受众选择合适的互动方式。互动内容应与直播的主题和目标受众相关，可以提出与主题相关的问题，分享有趣的事情，或者组织与主题相关的活动，也可以是发放福利的活动，能够刺激用户参与。

2. 互动频率

在设计互动玩法时，需要考虑在直播过程中进行互动的时间点、互动的次数，以及每次互动的时长。频繁的互动可以增加观众的参与度，但过多的互动可能会分散观众的注意力，同时也增加了运行成本。

3. 互动规则与反馈机制

清晰明确的互动规则对于观众来说是很重要的。这包括他们如何参与互动，以及哪些行为是不被允许的。同时，提供及时的反馈对于提高观众的参与度非常重要，可以是简单的赞美，也可以是提供奖励或优惠。例如，在抖音直播中，当达人账号等级处于LV0阶段时，发红包、主播券、超级福袋等功能是实现不了的（见图6-1）。作为直播运营者，需要清楚这些互动玩法的使用界限。

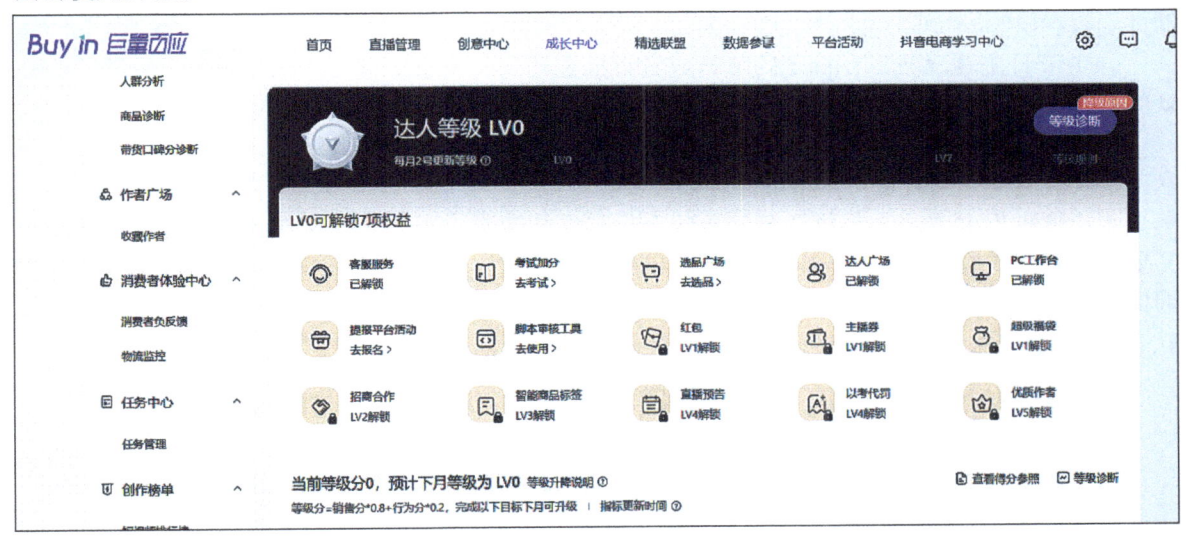

图6-1　抖音后台活动规则

4. 社交元素

考虑添加一些社交元素，比如鼓励观众在社交媒体上分享他们的参与体验，或者与其他直播间进行合作。

（四）活动效果

直播运营团队设计直播活动玩法时，不能主观臆断，需要持续收集和分析数据，了解哪种互动方式最受欢迎，哪些时间段的互动效果最好，以及如何改进互动体验。要从直播目标和用户角度出发，设计用户感兴趣的互动玩法，从而达到更好的直播效果。

但是在不同的情况下，直播想要达到的效果是有差别的。比如，为了吸引更多新的粉丝加入粉丝团，就可以采取在粉丝群中发放红包的方式；为了答谢老粉，就可以采用赠品的方式；为了聚集人气，就可以采取点赞到一定程度抽奖的方式，或者连麦粉丝互动的方式；要想让用户停留更多时间，更多地发起弹幕互动，就可以借助发放超级福袋的方式。直播运营团队要知晓每种玩法可以实现的效果。

二、常见直播互动玩法

（一）派发红包

1. 红包发放形式

在直播间中派发红包是一种有效地吸引观众参与和活跃气氛的方式。以下是一些巧妙派发红包的技巧：

直播互动玩法的主要类型

（1）定时发放。在直播的特定时间段内，定时发放红包，可以吸引观众在这个时间前来观看直播，增加直播间的互动和留存率。

（2）随机发放。可以随机抽取观众账号或者在特定条件下发放红包，这样可以增加观众的参与感和期待感。

直播红包发放技巧

（3）完成任务发放。可以为观众设置一些简单的任务，例如回答问题、点赞、分享等，完成任务后即可获得红包奖励，这样可以提高观众的活跃度和互动性。

（4）节日主题发放。在特定的节日或者直播主题下，发放红包可以增加观众的参与度和提升直播间的氛围，同时也可以提高直播的曝光率和关注度。

（5）合作发放。与其他直播间或者品牌合作，通过合作渠道发放红包，可以吸引更多的观众前来观看直播，同时也可以增加品牌曝光度。

无论哪种发放方式，都要注意红包的金额和发放频率，既要保证观众的参与度和活跃度，又要控制好成本和风险。同时，要注意红包的安全性和合法性，确保符合相关法规和规定，不同情况需要区别对待。

2. 不同类型直播间的红包发放

（1）在在线人数不超过 20 人的直播间中发放红包，有以下三个好处：

1）发红包可以解决直播间在线人数太少、无人互动的尴尬局面。

2）发红包可以解决关注增量的问题，可以在粉丝群中发放红包，引导用户关注直播账号，并且加入粉丝团。

3）介绍完部分商品后不定时地派发一些红包，可以延长用户在直播间的停留时间。

（2）在在线人数超过 200 人的直播间中发放红包，需要注意以下情况：

1）在某个节点发红包，例如，点赞满 2 万时发红包。尽量不要在固定的时间节点，如整点发红包、每半小时发红包，这样用户可能只等待固定时间抢红包，参与性会差很多。

2）红包金额不能太少，大小搭配。

3）红包不能随便在直播间链接或者直播间外的地方领到。

4）主播在发放红包时，可一边口播，一边拿着手机对着镜头演示如何关注，引导用户关注自己并抢红包。要不断重复和强调红包的金额、使用规则，直播助理要在旁边烘托气氛，演示时尽量让用户看得清楚画面。

5）发完红包后，主播要在镜头下展示有多少人抢到了红包，红包金额有多少，强化红包活动的真实性。

6）除了直接发放现金红包，主播还可以发放口令红包。口令红包是指在红包中设置输入口令，一般为商品或品牌的植入广告语，接收红包的人在输入口令时就会对品牌或商品产生一定程度的印象，加深商品或品牌记忆。

7）主播可在用户领取红包时引导发起多轮与直播、品牌相关的评论弹幕，此时用户的配合度一般比较高。

直播间红包发放常见形式如图6-2所示。

图6-2　直播间红包发放常见形式

（二）设置抽奖环节

用户能为抽奖环节停留，本身就是一种互利互惠，因为用户的时间也是宝贵的，只要在直播间停留，就说明用户是在用自己的时间和奖品进行交换。并不是所有的用户抽完奖后就立刻离开直播间，很大一部分用户会被吸引，关注主播，并产生后续的购买行为。

1. 抽奖的设置形式

（1）签到抽奖。签到抽奖的主要作用是引导签到浏览。主播每日定时开播，在签到环节，可以设置成如果用户连续七天来直播间签到、评论，并保存好评论截图发给后台，核对评论截图信息无误后，即赠予用户一份礼品。

（2）点赞抽奖。点赞抽奖的主要作用是引导直播间点赞。主播在做点赞抽奖时，可规定每增加2万点赞就截图抽奖一次。这种活动操作比较简单，但要求主播具备较强的场控能力，后台也需要及时提醒主播。尤其在做秒杀活动时，如果刚好到2万点赞，主播可以和用户沟通，承诺在秒杀活动之后立即抽奖。尽量不要整点抽奖，可能会导致用户到点才来，抽完了就走的情况。

（3）问答抽奖。主播在做问答抽奖时，可以在秒杀活动口根据商品详情页的内容提出一个问题，让用户在其中找到答案，然后在评论区进行评论，主播从回答正确的用户中进行抽奖。这样可以提高商品点击率，用户在寻求答案的过程中会对商品细节有更深入的了解，增加对商品的兴趣度，进而延长停留时间，提高购买的可能性。另外，用户的评论互动也可以提高直播间的互动热度。

（4）秒杀抽奖。秒杀抽奖可分为两次。第一次是主播剧透商品之后、秒杀之前开始抽奖。主播在剧透商品时要做好抽奖提示，让用户更仔细地了解商品的信息，增加下单数量。第二次是秒杀之后、剧透新商品之前，启动抽奖可以增加停留时长。主播要做好抽奖、秒杀和新商品介绍间切换的节奏把控。

（5）福袋抽奖。福袋抽奖是指用户在直播间参与互动并完成主播设置的中奖条件，即可在超级福袋开抢时参与活动，中奖用户在48小时内输入收货地址即可完成兑奖。例如，设置口令"福袋里有手机"，新进来直播间的粉丝就知道此时此刻的活动福利，要参与此活动就要将口令内容打在公屏上进行互动。由此可以调动直播间氛围，提升评论区热度，从而增加粉丝流量。

（6）下单抽奖。下单抽奖是指用户在直播间下单支付后获得的抽奖机会。主播说明抽奖的方式与条件，引导用户下单购买产品，并参与抽奖，最后在下播前公布中奖名单。在直播过程中，提前公布奖品内容，并限定抽奖的条件，比如，只有在直播间下单支付的用户才能参与抽奖，满200元可获得1次抽奖机会等。

2. 抽奖中的注意事项

对于主播来说，用户平均停留时间体现了用户黏性，只要有助于增加用户黏性，都是值得采用的方法。不过抽奖环节需要提前设计好，虽然奖品是利他的，但最终也要利己。以下是一些设置抽奖环节的建议：

（1）确定抽奖规则。在设置抽奖环节之前，要确定抽奖规则，例如抽奖时间、参与方式、奖品设置、中奖概率等。规则要清晰明确，让观众能够清楚地了解并参与抽奖。

（2）选择合适的抽奖工具。选择一个可靠的抽奖工具，例如微信抽奖小程序、抖音直播间自带的抽奖功能等。要根据平台和直播间的特点选择合适的工具，确保抽奖过程的公正性和安全性。

（3）制定宣传方案。在抽奖开始前，要制定宣传方案，通过社交媒体、直播间公告等方式告知观众。宣传方案要具有吸引力，引起观众的关注和兴趣。

（4）设置合理的奖品。奖品要具有吸引力和实用性，例如礼品卡、优惠券、实物礼品等。同时，中奖概率要合理，让观众有中奖的机会，但又不至于过于容易或困难。

（5）增加互动性。在抽奖过程中，可以通过直播间互动、弹幕抽奖等方式增加观众的参与度。与观众互动，让观众感受到自己对直播的参与和贡献。

（6）确保公正性。抽奖过程中要确保公正性，避免出现作弊或虚假中奖等情况。可以选择通过平台或第三方工具进行抽奖，确保抽奖过程的公正性和透明性。

3. 抽奖环节主播注意事项

抽奖环节主播注意事项见表6-1。

表6-1 抽奖环节主播注意事项

错误行为	正确方式
无明显告知，用户在进入直播间时无法在第一时间知道抽奖信息	通过口播、小喇叭公告、小黑板、纸板等组合方式说明抽奖规则和参与方式
无规则、随意	明确抽奖参与方式，比如点赞量达到某个标准开始抽奖，避免整点抽奖
抽奖环节无任何互动	主播提醒用户刷指定的弹幕和评论，以活跃直播间气氛，然后启动后台抽奖界面，提醒用户关注，提高中奖概率
抽奖只有一次，没有节奏	抽奖要有节奏，抽奖一次之后，需要先公布中奖名单，并告知下一次抽奖的条件，以延长停留时间

（三）主播连麦互动

1. 主播连麦的形式

（1）主播与主播互动连麦。主播与主播互动连麦是指两个或多个主播连线互动，可以相互娱乐、玩游戏或者唱歌跳舞等，游戏结束后会决出输赢，输的一方接受惩罚。这种互动方式可以促进主播间粉丝互关。

（2）主播与粉丝互动连麦。主播与粉丝互动连麦是指主播与粉丝进行直播对话，常出现在各类咨询室直播间，如情感咨询、面部调整咨询、留学咨询等。这类互动方式不仅能快速提升直播间热度，还能调动粉丝积极性，增强直播间活跃度。

2. 主播连麦操作的注意事项

主播连麦操作的注意事项如图 6-3 所示。

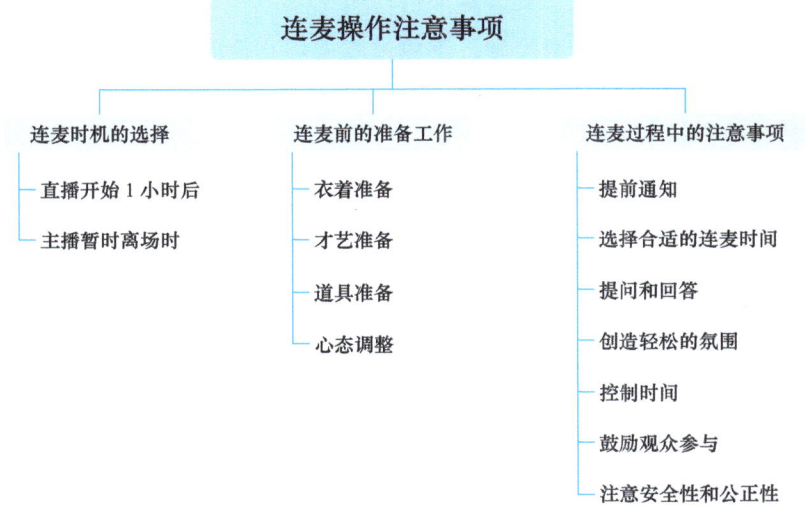

图 6-3　主播连麦操作的注意事项

（1）连麦时机的选择。

1）一般来说，主播连麦都是直播 1 小时后才陆续开始的，要聚集一定人气后再连麦。作为一个新主播，不要在其他主播一开播就不停地求连麦，这会让人反感。当然，连麦之前也要知道主播的下播时间，千万不要等到其他主播快下播的时候还去寻求连麦。

2）当主播有事需要短暂离开时，可以申请连麦救场，这样可以为连麦加分。当主播向自家粉丝倾诉情感或者主播心情不好的时候不宜连麦。最好在每次连麦前，私下和所要连麦的主播沟通好，这样对方不会感到很突兀和毫无准备。

（2）连麦前的准备工作。

连麦前一定要做好准备工作，如提前和其他主播约定好时间，准备好衣着、道具与才艺，调整好心态，做好准备再开始直播，这样才有底气，才不会茫然失措。

1）衣着准备：符合自己的气质，不要太过随意。

2）才艺准备：要具有代表性，挑自己最擅长的、能吸引观众的，最好能准备 2～3 个，留着备用。

3）道具准备：准备常用的游戏道具，这样能够为连麦加分。

4）心态调整：往往看到一些新手主播在连麦的过程中过度紧张，说不出一句话来，或者受不了和大主播之间的落差，连麦时情绪低落、无精打采。建议新手主播以一种学习的心态去连麦，连麦能够为自己获得更多的人气，可以学习更多的知识，而不是抱怨自身的不足。

（3）连麦过程中的注意事项。

1）提前通知。在连麦开始之前，主播可以通过直播间公告或者弹幕告知观众连麦的时间和规则，让观众做好准备。

2）选择合适的连麦时间。选择一个合适的时间点进行连麦，确保大部分观众在线并且有时间参与。

3）提问和回答。在连麦过程中，主播可以向粉丝提问，增加互动。同时，主播也要注意回答观众的问题，解决他们的疑惑。

4）创造轻松的氛围。要创造一个轻松、愉快的氛围，让观众感受到连麦的乐趣。主播可以与粉丝进行幽默的对话，或者分享一些有趣的事情。

5）控制时间。连麦时间要适当控制，避免过度占用直播时间。主播可以设定连麦时间上限，或者提前预约连麦的时间段。

6）鼓励观众参与。鼓励观众参与连麦，可以设置一些奖励机制，例如中奖者可以获得与主播连麦的机会。这样可以增加观众的参与度和互动性。

7）注意安全性和公正性。在连麦过程中，要注意保护个人隐私和信息安全。同时，要确保连麦过程的公正性和透明性，避免出现作弊或者虚假情况。

（四）邀请名人做客直播间

名人自带流量，邀请名人进入直播间做客，能够在短时间内聚集大量人气，可以增加直播的吸引力和观众参与度。

邀请名人做客直播间的注意事项如下：

（1）确定合适的嘉宾。选择与直播主题或者品牌形象相符的嘉宾，可以带来更多的流量和关注度。可以考虑邀请相关领域的专家、知名人士或者明星来做客直播间。

（2）提前宣传。在邀请嘉宾做客之前，可以通过直播间公告、社交媒体等方式进行宣传，吸引更多观众关注和参与。

（3）准备好相关问题。提前与嘉宾沟通，了解他们的兴趣和专业领域，准备一些有针对性的问题，让嘉宾能够展示自己的专业知识和经验。

（4）互动和参与。在直播过程中，要鼓励观众通过弹幕、评论等方式参与互动，与嘉宾进行交流。可以设置一些互动环节，例如观众提问、投票等，增加观众的参与感。

（5）控制时间。要控制好直播的时间，避免过度占用直播时间，影响观众的观看体验。可以提前预约好连麦的时间段，确保直播的顺利进行。

（6）保持专业和公正。在直播过程中，要保持专业和公正的态度，避免过度娱乐化或者偏袒某一方。同时，要确保直播的公正性和透明性，避免出现作弊或者虚假情况。

树德润心

工匠们喜欢不断雕琢自己的产品，不断改善自己的工艺，享受产品在双手中升华的过程。工匠们对细节有较高的要求，追求完美和极致，对精品有着执着的坚持和追求，把品质从0提高到 1，其利虽微，却长久造福于世。实物制造需要工匠精神，电商运营也需要工匠精神。有了互动玩法的直播间，具有更大的吸引力。将互动玩法融入原本简单的直播流程中，通过主播、助理、运营、场控各岗位间的有效配合，将其完美地展现出来，体现了电商直播人精益求精的"工匠精神"。

案例：携程集团董事局主席直播间出镜引流

2020 年 3 月 5 日，携程召开线上发布会，宣布启动"旅游复兴 V 计划"，携程董事长走进直播间亲自带货，在三亚 1 小时内卖出 1025 万元酒店房间，清空酒店 3 个月套房库存。从 2020 年 3 月到 7 月，以董事长出镜带货为核心亮点的携程直播交出了累计交易额破 11 亿元、产品核销率近 5 成、为千家高星酒店带货超百万间的成绩单，直播观看人数增达到单月 1580 万人。

三、付费推广玩法

直播运营团队如果觉得直播间人气不高，可以利用付费推广模式为直播间"引流"。下面介绍几种常见平台的付费推广形式。

（一）抖音直播付费推广

常见的平台付费方式有三种，DOU+、小店随心推和巨量千川。DOU+ 属于抖音内容加热和营销推广工具，是提高视频或者直播播放量及互动量的产品。DOU+ 可以投视频或者直播间。小店随心推是巨量千川的移动端产品版本。巨量千川只能通过 PC 端投放，主要面向电商广告主（抖音达人及小店卖家）在电商场景内下单使用的电商广告产品。下面重点讲解最常见的 DOU+ 投放。

1. 投放原则

抖音直播推广的原则是通过各种渠道和技巧，增加直播间的曝光度和观众数量，提高直播的影响力和知名度。在推广抖音直播时，需要遵循以下原则：

（1）确定目标受众。在推广直播前，需要明确目标受众是谁，他们的兴趣和需求是什么，以便于制定更有针对性的推广策略。

（2）精选推广渠道。选择合适的推广渠道，如抖音推荐算法、抖音广告投放、KOL 合作、社交媒体宣传等，以便将直播信息传递给更多的潜在观众。

（3）聚焦内容质量。在推广过程中，需要注重内容质量，提供有趣、有用、有吸引力的直播内容，以吸引更多的观众和粉丝。

（4）互动与参与。积极与观众互动，回答观众的问题，参与观众的互动游戏，提高观众的参与感和忠诚度。

（5）定期推广。制订定期推广计划，保持直播的曝光度和热度，吸引更多的观众和粉丝。

（6）合理利用工具。利用抖音提供的直播工具和特效，提高直播的观赏性和互动性，增加观众的参与度和忠诚度。

2. 投放类型

DOU+ 的投放分为视频加热直播间和直接加热直播间。视频加热直播间是通过对账号下原有的某一作品进行加热，引导观众通过视频进入直播间。直接加热直播间是无须选择视频，用户可在推荐流中直观地看到直播间的实时画面，并可点击屏幕任意位置进入直播间。

直播间加热又分为快速加热和自定义加热。快速加热，顾名思义，就是能够快速给直播间带来人气，可选10分钟加热套餐，投放200元预计带来360～676位观众，投放300元预计带来540～1014位观众（见图6-4）。自定义加热，就是可以自行定义加热针对人群、加热预期效果，这种方式更为精准，但推广人群数量相对少一些（见图6-5）。自定义加热可以分为系统智能推荐和自定义观众类型两种，也可以根据比较在意的效果，如直播间人气、直播间涨粉、观众打赏、观众互动等选择性投放（见图6-6），还可以选择直接加热直播间，或选择视频加热直播间。

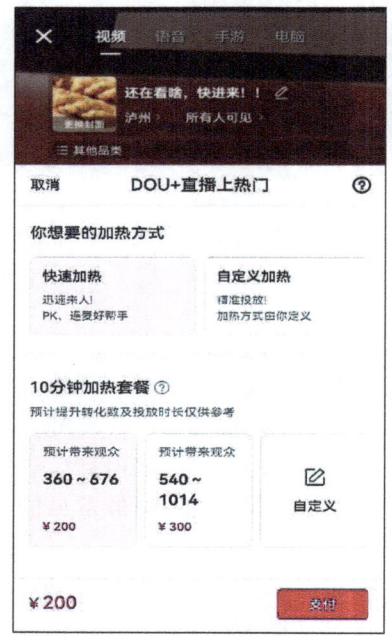

图6-4　DOU+直播快速加热方式　　图6-5　DOU+直播自定义加热方式　　图6-6　DOU+直播自定义加热（自定义观众类型）方式

3. 投放时间

DOU+适合在预计直播人数到达一个峰值前投放，这样能起到加热助推的作用。对于抖音直播的DOU+投放时间，建议选择用户活跃度较高的时间段进行投放，以获得更好的推广效果。具体的投放时间可以参考以下几个方面：

（1）一天中的黄金时间段。一般来说，上午11点到12点，下午5点半到6点半，以及晚上9点到10点是用户活跃度较高的时间段。

（2）视频的播放高峰期。如果引流视频内容较为优质，可能会在发布后的数小时内迎来一波播放高峰期，可以抓住这个机会进行DOU+投放。

（3）直播间流量高峰期。如果直播间在某个时间段内流量较高，可以考虑在这个时间段进行DOU+投放，以增加直播间的曝光和互动。

（二）快手直播付费推广

在选择快手直播付费推广时，应该根据具体的推广需求和预算进行综合考虑，选择最适合的推广方式和策略。同时，为了提高推广效果，建议广告主提供优质的广告素材和创意，以及合理的出价和投放设置。

1. 付费标准

在快手平台直播时，如果直播间的人气不高，也可以进行付费推广。快手直播的每位观众推广费为 1 快币，即 0.1 元，主播在选择想要获取的人数后，就可以看到支付成本（见图 6-7）。主播的出价越高，观众数量就越多，引入速度也就越快，所以在直播高峰期时可以适当调高出价，以快速提升直播间的人气值。快手直播推广的付费方式为 CPC（按点击付费），即按照点击进入直播间的人数扣费，每位观众多次点击只扣除一次费用。

2. 投放时间

对于一次性投放的广告，最短时间为 1 天，最长可达 14 天。对于周期性投放的广告，最短时间为 7 天，最长可达 1 年。对于长期投放的广告，则没有时间限制，可以随时调整。

建议广告主选择合适的投放时长，根据流量集中程度选择投放时长。例如，如果上午购买投放时长，可选择较长的 12 小时投放；若在下午 5 点后投放，则可以选择 6 小时的短时间集中投放。尽量把投放时长往平台用户集中的时间段靠拢。

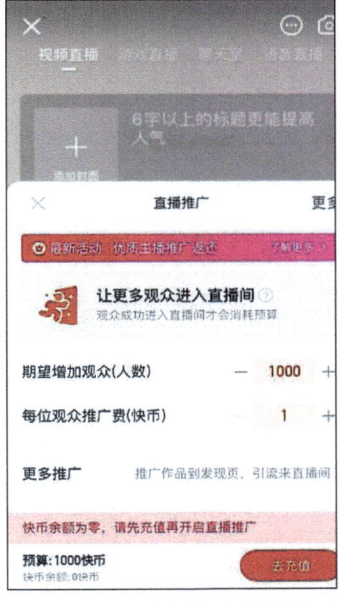

图 6-7 快手直播投流参数设置

3. 推广方式

快手直播间付费推广，可以在快手 App 中打开直播广场，找到需要推广的直播间，点击直播间下方的"..."—"推广"—"立即推广"，设置投放类型、投放金额和投放时长，即可发布推广。

（三）淘宝直播付费推广

淘宝直播付费推广主要是采用超级推荐，主要付费方式是点击成本。也就是说，只要不点击，就不会扣费，这一方式的优势在于成本可见。

1. 投放时间

淘宝付费推广的投放时间可以根据用户的需求和预算进行灵活设置。但一般来说，流量高峰期在早上 10 点、下午 2 点、晚上 8 点。如果推广预算少，可以选择错开这个时间段，在别人溢价少的时间段来提高溢价。

2. 推广方式

（1）阿里 V 任务直播任务佣金。通过阿里 V 任务发布直播推广计划，设置佣金，淘宝直播主播领取直播任务后，完成相应的淘宝直播任务才能够收取相应的费用。

（2）淘宝客模式结算佣金。淘宝直播主播按照卖出件数提成。淘宝直播主播通过直播带货卖出去的商品，会根据卖出的件数提成相应的佣金，佣金比例可以由卖家和淘宝直播主播协商确定。

3. 付费标准

淘宝直播推广的付费标准主要是按照 CPS（按销售提成）模式来收费的。具体来说，服务费＝商品交易实际成交价格×服务费率（即商家设置的推广服务费比率）。平台将向机构主播收取推广服务费的 30%（个人主播收取 40%）作为软件服务费，即机构主播可以拿到推广服务费的 70%（个人主播拿 60%）。

对于机构主播，剩余推广服务费需要按照主播和绑定机构约定且经其明确同意后的分成比例，由系统按其授权确认的方式将推广服务费分发给主播与机构。同时，以消费者订单支付时主播是否存在机构绑定为依据，判断应按照机构主播还是个人主播的分佣比例进行结算。

任务实操

子任务 6.1 直播玩法设计

（一）任务要求

1. 在前期脚本策划基础上，增加互动玩法的环节，形成更为完整的直播流程脚本。
2. 填写任务表单。
3. 完成任务主要岗位：运营岗或策划岗。
4. 衔接任务：子任务 5.3。

（二）任务表单（见表 6-2）

表 6-2 整场直播活动脚本

直播目标			
直播主题			
直播选品			
人员分工			
直播场地、时间			
直播讲解流程			
直播宣传方式			
直播预算			
注意事项			
直播流程类型	过款式（　　） 循环式（　　）		

时间段	流程安排	人员行动指向		
		主播	副播	场控／客服

（三）任务评价（见表6-3）

表6-3 任务评价考核表

目标达成维度	评价标准		分值	教师评分 60%	个人自评 20%	小组互评 20%
知识和能力目标	直播脚本内容完整丰富		20			
	直播互动玩法设计	流程安排合理，与其他直播环节衔接自然	20			
		活动玩法具有可实施性，符合平台规则	20			
		活动玩法引流效果较好	20			
素养目标	具备较好的团队协作意识		20			
总分			100			
最终得分						

任务2　做好粉丝运营管理

任务描述

主播通过直播吸引用户关注并不是最终目的，而是促进直播转化的一个重要途径。主播的粉丝数量增加可能会提升直播带货的数据，但要想一直维持下去，保持良好的运营效果，就必须做好粉丝运营管理，维持粉丝黏性，给粉丝继续关注主播及其直播间的理由。

知识储备

一、粉丝的类型

粉丝的分类形式有两种。第一种分类是泛粉丝（熟人关注、"僵尸粉"、凑热闹）和精准粉丝（关注产品功能）。泛粉丝精准度一般不高，很多关注进入直播间是为了薅羊毛或者亲友人情，购买转化率较低。精准粉丝一般有一定的购买意向，积累了一定的购物习惯，对产品价格、功能等较关注。

第二种分类是高频消费粉丝、低频消费粉丝、其他电商主播的粉丝、平台新手粉丝（见图6-8）。每种类型的粉丝，应对策略是不一样的。

粉丝运营

1. 高频消费粉丝

（1）保证直播间SKU（Stock Keeping Unit，库存保有单位）的丰富度，经常更新货品。

（2）保证价格和质量优势，这是吸引粉丝的本质因素，提供更多的粉丝福利。

（3）沟通到位。

2. 低频消费粉丝

（1）提升直播间SKU的丰富度。

（2）详细介绍商品。

图6-8　电商平台粉丝分类

（3）提供新客专属福利。

3. 其他电商主播的粉丝

（1）低价引导。
（2）提供新客专属福利。

4. 平台新手粉丝

（1）展现专业度。
（2）加强消费引导。
（3）积极与粉丝互动。

二、提升粉丝黏性的手段

主播可以引导用户通过付费抖币（抖音）的方式加入粉丝团，在直播间享受权益（粉丝徽章、粉丝专享价、粉丝特效等），还可以引导用户通过粉丝团任务提升自己和直播间的亲密度。例如在抖音平台，加入粉丝团后，粉丝越活跃级别越高，分为普通粉丝、银粉、金粉、黑粉、王者粉、皇冠粉、至尊粉七个级别，不同级别的粉丝享受的特权和奖励额度都是不一样的，这样无疑增强了粉丝参与度，提升了粉丝黏性。

1. 打造人格化 IP

人格化 IP 是账号的独特标识，有利于增加辨识度和粉丝黏性。主播要想吸引粉丝，就必须不断学习，生产有构思的内容，扩大自己的常识储备，增加自己的修养、常识和见识。

2. 持续创作优质内容，提供高性价比商品

持续创作优质内容和提供高性价比商品是留住粉丝继续关注的一大原动力。

3. 高效互动、及时回复

高效互动的目的是增加账号活力，使粉丝得到实实在在的福利，及时回复有助于提高销售转化率。

4. 粉丝团日常精细化管理

粉丝团（群）需要有专人来做日常的精细化管理，包括以下几个方面：
（1）制度设计和人员管理。对粉丝的日常精细化管理包括规范粉丝群管理制度、粉丝的去留、晋升等级机制、粉丝提问回复、售后及黑粉的处理等。
（2）内容分享、商品推荐。
（3）社群打卡。
（4）组织发放红包、抽奖等在线活动。
（5）举办线下活动。

三、常见投诉情景和应对技巧

粉丝在购买商品后，有时会出现产品、物流等各类问题，可能会带来争议和投诉。那么，常见投诉情景的应对是留住粉丝的主要工作之一。直播网购中常见的投诉情景和应对技巧有以下几点：

1. 物流缓慢，收货延迟

网购用户经常会出现物流速度慢而对店铺不满，进而投诉店铺的情况。面对此类情况，客服的基本做法如下：

第一，向用户说明具体原因。如果是店铺工作人员忘记发货或没有及时发货导致物流缓慢，就要给用户一个合理的解释。如果是因为天气等因素影响了物流速度，也可以向用户说明情况，争取理解。

第二，让用户心理得到平衡。面对忘记发货或发货不及时等导致的物流缓慢，部分用户会认为店铺让自己遭受了损失。对此，客服应采取一定的方法让用户心理得到平衡。例如，给予用户一些补偿等。

2. 店铺失误，错发商品

用户好不容易下单选购了商品，结果却发现店铺少发或发错货，此时用户可能会因为愤怒而投诉。面对此类情况，客服的基本做法如下：

第一，主动表达歉意。客服在与用户沟通的过程中一定要主动向用户表达歉意，并表示愿意为此承担责任。每句话都可以添加一句道歉的话语，让用户看到自己道歉的诚意，也就不会过于为难。

第二，积极进行补救。客服可以提供更多服务信息，或者对用户的损失进行补救，及时补发商品，承担相应的物流费用，发放一些优惠券等。

3. 商品实物与预期不符

有时，直播间的商品介绍与真实产品或多或少会有一些出入，这是因为部分主播为了让商品更具有吸引力，会强化优势，掩盖不足。部分用户因为无法接受"买家秀"与"卖家秀"之间的差距，认为是店铺在欺骗自己，于是发起投诉。面对此类情况，客服的基本做法如下：

第一，给出合理解释。客服需要做的是让用户看到店铺对商品的描述是符合实际情况的，做出必要的解释。例如，服装直播间的用户反映衣服颜色有差异时，客服可以跟用户说明可能是直播间滤镜导致有些色差，衣服本身没有问题，如果用户执意追究，则可以劝用户申请退货。

第二，请求用户理解。无论是因为店铺的描述与实际有出入，还是用户曲解了产品介绍部分信息造成了误解，店铺都需要承担一定的责任。在沟通过程中，客服不仅不能责怪用户，还需要表达歉意，请求用户理解，让用户同意撤销投诉。

4. 运输差错，商品破损

在运输过程中难免出现商品破损的情况，当用户收到破损商品时，心情肯定是非常不愉快的，即使知道错不在商家，也会以店铺未做好发货包装为由进行投诉。面对此类情况，客服的基本做法如下：

第一，了解经过，分析原因。客服需要了解商品破损事件发生的经过，分析问题出现的原因。一般来说，商品破损的原因可能有三种，如图6-9所示。

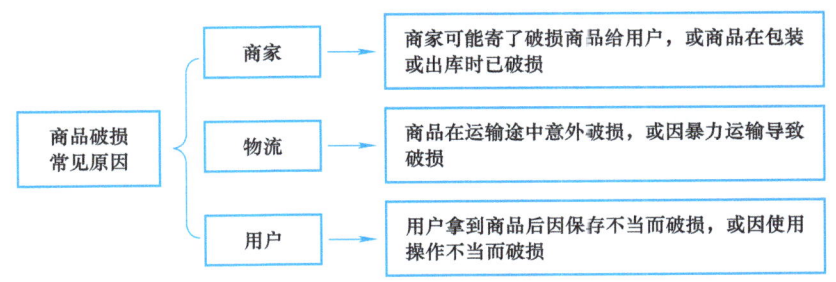

图6-9 网购商品收货时破损的常见原因

第二，做出解释，积极配合。如果用户在签收完成后才发现商品破损，用户自身也是有一些责任的。因此，客服可以针对这些情况进行必要的分析，让用户看到虽然店铺愿意承担责任，但也不是把所有责任都归咎于店铺。

子任务 6.2　店铺投诉处理模拟

（一）任务要求

1. 情景模拟和课堂展示某用户在直播间购买了商品，收货时发现商品破损，联系店铺客服处理售后的情形。
2. 以小组为单位，分配用户、店铺客服、店铺主管、物流公司等岗位角色，商品自行拟定，情景自行设计。
3. 讨论后填写任务表单。
4. 衔接任务：无。

（二）任务表单（见表6-4）

表6-4　店铺投诉处理模拟设计表

设计指标	二级指标	具体描述
破损原因	店铺	
	物流	
	用户	
处理思路	店铺	
	物流	
	用户	
角色分配	用户	
	客服	
	主管	
	其他	

（三）任务评价（见表6-5）

表6-5　任务评价考核表

目标达成维度	评价标准	分值	教师评分 60%	个人自评 20%	小组互评 20%
知识和能力目标	设计表内容完整丰富	10			
	设计内容符合真实情形，具有逻辑性	20			
	客服岗位的处理方法科学合理	30			
	模拟表现生动贴切，符合角色特征	20			
素养目标	具备较好的团队协作意识	20			
	总分	100			
	最终得分				

知识拓展

什么是巨量千川？

巨量千川是巨量引擎旗下的电商广告平台，通过与抖音电商深度融合，为商家和达人们提供抖音电商一体化营销解决方案。该平台通过打通抖音账号、抖音小店及巨量千川的账户、资质、资金，提供一键开户和便捷管理，实现"商品管理—流量获取—交易达成"的一体化营销，降低投放和管理成本，有效提升电商营销效率。巨量千川的核心优势如下：

（1）经营提效：一体化智能营销闭环，提升电商营销效果。短视频和直播是两大电商流量抓手，巨量千川应需迭代，整合了多种电商广告能力，以商家核心诉求为基础，提供清晰明确的广告产品，满足直播带货、短视频带货及品牌曝光的诉求。同时，巨量千川推出移动端场景下的小店随心推，以及 PC 端场景下的极速推广与专业推广，让具备不同投放能力的商家，都能轻松上手。

（2）场景协同：与抖音电商经营深度融合，打造营销全场景解决方案。巨量千川与抖音小店深度耦合，解决新品发布、节点大促、爆款发掘、新店冷启等多场景营销需求，建立更适配电商场景的投放能力。

（3）数据驱动：数据技术支持营销全链路，助力商家实现长效增长。投放前，巨量千川会提供店铺经营所需的人货场营销洞察，支持选品、人群圈选、制定场景投放策略，同时会基于行业沉淀提供短视频、直播内容指导，辅助商家决策。投放过程中，巨量千川提供实时的投放洞察、效果反馈和内容诊断，帮助客户即时调整营销策略。投放后，巨量千川支持系统的度量产品，帮助商家科学评估营销效果、粉丝维护，为店铺长效经营提供可靠依据。

（4）开放繁荣：构建健康开放的良性生态，创造生意发展的稳定共赢。巨量千川将开放自身营销能力，打造开放的服务市场。它将提供广告投放能力、数据投放能力、数据分析服务、托管投放服务、创意工具能力等，服务电商商家及创作者，构建稳定、共赢的电商广告合作生态。

习题训练

一、单选题

1. 抖音直播间付费推广主要运用的是（　　）。
   A．DOU+　　　　B．小店随心推　　　C．巨量千川　　　D．巨量百应
2. 直播间中常用的抽奖形式有（　　）。
   A．签到抽奖　　　B．点赞抽奖　　　　C．问答抽奖　　　D．以上回答均正确
3. 商家为了长期留住用户而印制了一种卡片，方便身份识别。这属于产品优惠体现形式中的（　　）。
   A．优惠券　　　　B．会员卡　　　　　C．促销活动　　　D．秒杀
4. 下列关于视频适合投放 DOU+ 的情况，描述正确的是（　　）。
   A．播放量一直起不来　　　　　　　　B．账号之前有违规，权重降低了
   C．视频可能要火，助推一把　　　　　D．以上均正确
5. 关于提高粉丝黏性，下列说法正确的是（　　）。
   A．打造人格化 IP　　　　　　　　　　B．创作优质内容
   C．高效互动　　　　　　　　　　　　D．以上均正确

二、判断题

1. 设置直播间红包或优惠券时，最好要设置一定的使用条件，例如"20元优惠券可满99元使用一张"。（　　）
2. 一场直播中，在设置抽奖环节时，最好是将奖项设计得大一些，集中一次性抽奖完成。（　　）
3. 直播间中只要进行付费流量推广，就有一定的效果。（　　）
4. 黑粉的类型有多种，直播时要善于分类，灵活处理。（　　）
5. DOU+付费投流中，选择系统智能推荐方式往往比定向推荐获得更多的播放量。（　　）

三、案例分析题

佰草集"神话"

2021年10月，一个名叫"佰草集延禧宫正传"的抖音账号横空出世。在没有头部主播和明星引流的情况下，在开播仅6次之后，总观看人次就一路狂飙至102.2万人；人数峰值也从一开始的18人飙升至5.8万人。仅仅一个多月的时间，该账号成功吸粉20多万，成为当年双11直播带货大战的"黑马"，创造了佰草集"神话"。

该直播间正如其名，采用"古装+角色扮演"的直播方式，将清宫剧的角色与内容融入直播中。直播间里的每个主播都扮演了清宫剧里不同的角色，且为了增加趣味性，不少角色还采用了性别反串出演（见图6-10）。主播在带货时不仅扮相到位，话术上也充分采用清宫剧中常用的称呼，如小主、娘娘、格格等，甚至将剧中的经典"宫斗"桥段在直播间进行重现，让观众沉浸式体验了一把"宫廷带货"。

图6-10　佰草集宫廷沉浸式直播间

"佰草集延禧宫正传"是在佰草集品牌直播号外新成立的内容号，但这出"宫廷戏"流量效果远远超出了预期，甚至反哺了佰草集品牌早期在抖音布局的"正主"账号。这个内容号的成功也再次引起了大众对直播形式的讨论。如今的抖音已经从一个单纯的短视频平台逐渐转化为电商平台，年轻消费者是其主要消费群体。要想更快、更精准地吸引年轻消费者，除了商品本身，账号的内容也是关键。

思考： 佰草集直播间是如何创新的？如何持续得知消费者喜爱什么内容？如何留住兴趣人群并达成转化？

项目七
站内外宣传引流，多效并举引流直播间

学习目标

知识目标

- 掌握直播宣传引流的主要手段
- 掌握直播预热短视频创作和运营技巧
- 掌握直播封面和标题的设计技巧

能力目标

- 能够设计一场直播宣传的引流方案
- 能够拍摄和制作直播预热引流的短视频
- 能设计直播封面图和标题文案

素质目标

- 提升审美情趣
- 培养团队协作意识
- 培养创新思维
- 培养知行合一的学习态度

赛证对接

网络直播运营职业技能等级标准

版本：2021 年 1.0 版
制定方：中广协广告信息文化传播有限责任公司
职业技能等级：中级

工作领域	工作任务	职业技能要求
2. 内容运营	2.4 短视频策划与推广	2.4.1 能根据活动主题和目标人群，设置标题、封面、正文信息，完成短视频的拍摄脚本策划 2.4.2 能根据内容主题和形式，按照平台规则，选择最佳的发布时间，在主流平台进行分发 2.4.3 能利用企业社群资源，发布和推广内容，增加短视频曝光度，为直播造势 2.4.4 能根据用户画像，利用平台短视频推广工具，针对目标区域、人群、时间等数据精准推广 2.4.5 具备网络安全法等相关法律法规意识
3. 流量运营	3.1 直播流量获取与提升	3.1.1 能快速了解各平台的引流方法和平台运营机制，合理挑选公域、私域、站外等多种宣传渠道进行引流 3.1.2 能运用直播封面和标题创造吸引粉丝的利益点 3.1.4 具备热点捕捉能力

任务 1　策划直播宣传预热方案

任务描述

直播前的宣传引流，对直播活动预热造势至关重要。在抖音等平台上，开展直播活动能够获得一定的平台流量，在此基础上有针对性地开展平台短视频引流或站外推广，能起到锦上添花的作用。但对于部分平台直播，如微信小程序直播，如果不提前预热宣传，观看的人数将寥寥无几。本次任务，我们将对一场直播活动的宣传预热方案进行策划，以提高直播效果。

知识储备

直播宣传引流手段有账号内容引流、社群引流、平台短视频引流、微博引流、微信公众号引流、淘宝私域场景引流、小红书等自媒体引流。

一、账号内容引流

账号内容引流是一种私域引流。直播账号的内容设计可以起到一定的引流效果，例如开启同城定位，在标签、话题、账号名称和账号简介说明、账号主页、商品详情页等地方进行引流设计。例如，在账号简介中附上直播时间的说明，如图 7-1 所示。

直播宣传
引流渠道

项目七　站内外宣传引流，多效并举引流直播间

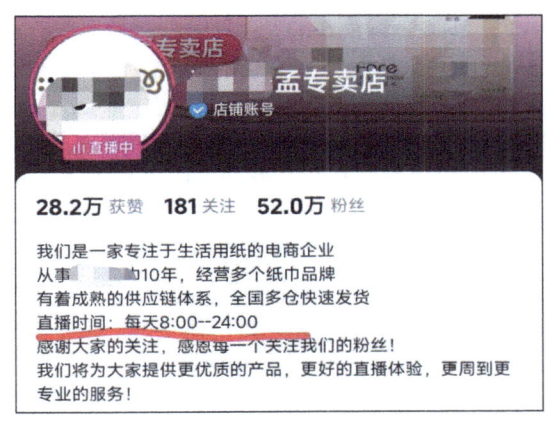

图 7-1　账号简介直播时间预告引流

二、社群引流

社群引流是一种典型的私域引流方式，通过在主播或者运营团队建立的社交平台讨论组或者社群里发布直播信息，引导观看直播的一种方式。主流的社群有微信群、QQ 群、论坛贴吧，以及抖音和淘宝等平台上的粉丝群。

在社群引流文案撰写中，可用文字信息、纯海报或者图文结合的方式，各方式侧重点有所不同，具体如下：

1. 文字信息

如果仅仅是文字文案，则需要介绍直播背景，重点突出直播活动的特色和亮点，强调直播时间、直播平台和账号，如有必要，还需要附上直播账号二维码，以方便观众扫描进入直播间。

2. 纯海报

若采用纯海报文案，则需要通过图片、文字大小和颜色等因素，重点突出直播亮点和时间，以便于让社群成员即使不点击图片，也能接收到直播信息。

3. 图文结合

可考虑图文搭配，如图 7-2 所示，通过文字和图片进行立体化宣传。图片突出重点、特色的内容，达到吸引眼球的效果，文字则可对重要信息进行阐释和说明，只有图文的有效搭配，才能更好地实现宣传引流的作用。

以上三种方式中，文字文案具有简单、直观、传播效率高的特点，纯海报文案具有可视性高、吸引力强等特点，但是由于部分群成员可能不会点击进行查看，故传达率偏低，图文结合兼具二者优点。具体直播引流方式的选择，需要根据社群成员的特点、习惯和社群风格进行选择，一般可以采用在"群公告"中发布文字信息，

图 7-2　校企合作直播海报宣传

搭配宣传海报形式。另外，还可以制作宣传预告的短视频，推送到社群中。其特征同海报文案相似，虽生动直观，但需要耗用的观看时间较长，用户可能没有耐心观看。

在社群引流中，需要提前3小时左右发布直播预热文案。为了创造良好的社群氛围，增强吸引力，可安排小号活跃氛围，引发群成员关注和讨论。但是在引导群成员关注和讨论过程中，需要进行监控，并且在讨论结束后或者开播前半个小时，再次发布直播预热文案，以达到预期直播引流效果。

三、平台短视频引流

（一）平台短视频引流类型

在直播间各引流方式中，平台内的短视频引流是最大的公域流量来源。提前制作优质的引流视频，可以起到提高账号曝光量，引导观众关注直播活动的作用。一般情况下，直播前的引流视频主要有直播活动预告视频和"常规内容＋直播预热"两种形式。

1. 直播活动预告视频

直播活动预告视频是为了提高直播人气，单独制作对直播活动进行宣传和介绍的视频，是运用较为广泛的一种内容形式。直播活动预热视频在制作过程中，一方面要突出直播活动的亮点和特色，比如周年庆、双11超低价格、直播间折扣力度，或者强调直播活动背景，比如助农、公益等，都可以起到较好的引流效果；另一方面要强调直播时间，重要的事情需要说三遍。

2. "常规内容＋直播预热"

"常规内容＋直播预热"是指短视频前半段输出和平时风格相同的垂直内容，吸引固定的粉丝观看，后半段进行直播预热，例如图7-3所示的短视频文案。这种方式最大的优势在于节约时间和精力，不仅可以丰富账号的日常视频内容，而且可以为直播进行引流宣传。但是如果前半段视频内容不佳导致完播率低，将导致引流效果不佳，影响直播间人气。

> 下面分享一些正经的生活小常识：
> 每天睡前喝一杯牛奶——会比不喝的多花几块钱。
> 骑电动车时一定要戴好头盔——否则会被开豪车的同学认出来。
> 上班低头玩手机，对脊椎的危害非常大——要不要抬头看下领导的位置？
> 省钱的方法多种多样，比如你买一件羽绒服，需要一千多块钱——而买感冒药只需要几块钱。
> ……
> 或者你可以来我的直播间，4月22日，抖音好物，嘉……全……
> 全民直播，购物嘉年华，价格够朋友，美好不讲究，等你！

图7-3 "常规内容＋直播预热"类直播预告短视频文案

（二）平台引流短视频发布时间

直播的人气峰值一般出现在晚上7点—11点，这是大多数上班族的休息时间，人们在休息时间看直播的可能性比在上班时间更高。当然，对于不同类型的商品，用户习惯观看时间，可以通过连续5天的流量测试，以获得相对准确的信息。直播电商预热的时间需要避开深夜休息时间和用餐时间。目前互联网上短视频泛滥，用户选择空间大，如果频繁推送各种活动信息，很可能会引起反感，导致屏蔽相关信息。因此，直播运营团队可以在用户能够感受的最大宣传频率的基础上设计多轮宣传，一般在直播前1～2小时发布预告视频。直播预告文案发布的时间最好选择在用户活跃峰值前半个小时左右，这样可以给用户更多的反应和转发时间，以免错过用户活跃峰值。如果是大型的直播活动，则需要提前一周、4天、2天发布预告引流短视频。

在直播运营中，账号也可能在直播中发布短视频引流。如果是直播中发布短视频引流，可提前制作多条短视频，每隔20～30分钟就发布一条。

四、微博引流

微博引流即在微博平台发布引流的文案、海报和视频等，为直播间进行引流的方式。微博平台是一个私域和公域流量兼有的平台，发布的内容既会推给粉丝，也会根据平台的推荐机制，推送给浏览微博的目标用户。在引流过程中，如果在微博平台内直播，引流效果会比较好，因为用户的转换成本较低，如果是跨平台引流，比如从微博引流到抖音，则效果会大打折扣。

在微博发布直播预热文案时，一般采取图文结合的形式，文字文案需要将直播间的亮点展现出来，突出特色，图片或者海报内容则需要做到醒目、颜色搭配协调、突出亮点（见图7-4）。如果是跨平台引流，则还需要附上直播二维码或者直播间名称，这样才能吸引更多用户和粉丝进入直播间，提高直播预热效果。

五、微信公众号引流

微信公众号引流即通过微信公众号形式，借助微信庞大的用户群体进行宣传引流的方式。主播可以在微信公众号上以长文案的形式进行直播预热，同时插入图片或者海报，更清楚地说明直播的时间和主题。例如，"秋叶大叔"在做直播之前就在自己的微信公众号上插入预热海报，公布直播的具体时间和主要内容，进行直播预热（见图7-5）。

图 7-4 微博直播引流海报

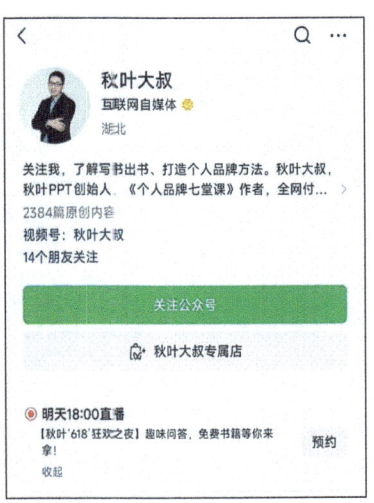

图 7-5 微信公众号直播预告

微信公众号引流中，尤其需要注意发布时间。一般而言，如果提前一天预热，可选取12:00—13:00 和 19:00—21:00 发布信息，可通过病毒式营销方式，利用微信朋友圈进行转发，产生裂变效果。

六、淘宝私域场景引流

目前淘宝也是一种常见直播营销平台，通过直播与店铺详情页文案，实现商品立体化介绍，增强用户感知。在淘宝直播中，主播可以利用淘宝首页的直播频道公域引流，也可以在店铺首页、商品详情页、店铺微淘等私域场景实现引流。设置淘宝店铺直播预告的方法如下：登录淘宝主播App账号后台，在"内容发布"界面中点击"创建预告"按钮，在打开的"发布预告"界面中填写直播预告相关信息，然后点击"发布预告"按钮，即进入直播预告的审核阶段。对于第二天的直播，前一天的直播预告至少要在当天16点前发布，否则淘宝平台将不予审核浮现，其他平台则不同。

七、小红书等自媒体引流

随着小红书用户量的日益增加，现在越来越多的商家选择利用小红书平台宣传企业品牌和产品，推广企业文化。

树德润心

从时令食物到生活用品，中式美食博主李子柒靠着一双手，把生活过成了中华大地自古以来人人向往的田园诗。她的古典田园生活不仅中国人爱看，还圈粉了无数外国友人。2021年2月，吉尼斯世界纪录官方宣布，李子柒以1410万的订阅，刷新了她在2020年7月创下的"YouTube中文频道最多订阅量"的世界纪录。这则数据足以说明，李子柒的中华古典的田园牧歌之美，不仅美到了中国人自己的心坎里，也把中国古典之美带到了全世界。

图7-6为李子柒直播小红书图文引流。

图7-6　李子柒直播小红书图文引流

任务实操

子任务7.1　策划直播宣传引流方案

（一）任务要求

1. 针对将要开展的直播活动策划宣传引流方案，可多种推广方式结合。

2. 讨论后填写任务表单。
3. 完成任务主要岗位：运营岗。
4. 衔接任务：项目五、项目六中所涉及的子任务。

（二）任务表单（见表 7-1）

表 7-1　直播活动宣传引流策划表

引流手段	具体维度	发布时间、频率	其他
账号内容	□标签　　□话题　　□账号名称 □账号简介　　　　□店铺首页 □商品详情页　　　□其他（　　）		
社群	□图　　□文　　□图文结合 □视频　　□链接		
平台短视频	□直播活动预告视频 □常规内容 + 直播预热		
微博			
微信公众号			
其他			

（三）任务评价（见表 7-2）

表 7-2　任务评价考核表

目标达成维度	评价标准	分值	教师评分 60%	个人自评 20%	小组互评 20%
知识和能力目标	策划表内容完整丰富	25			
	策划内容选择合理，符合直播实际情况	40			
	展示汇报表述清楚、流畅	20			
素养目标	具备较好的团队协作意识	15			
	总分	100			
	最终得分				

任务 2　制作针对性强的直播引流短视频

任务描述

在直播预热中，短视频引流是从平台获取公域流量的最佳选择，因此制作直播预热短视频非常重要。一般短视频制作要经历脚本撰写、拍摄、剪辑等过程，发布时需要考虑封面制作和标题文案撰写等因素，本次任务我们重点学习直播预热短视频脚本的策划。

知识储备

制作直播引流短视频

短视频脚本是指在制作短视频时所编写的文本稿件，用于指导拍摄和剪辑过程。它包含了短视频的场景描述、对话内容、动作指示等元素，帮助视频创作者明确每个镜头的内容和表现方式。

一、短视频脚本的重要性

1. 提高效率

短视频脚本相当于整个视频的制作说明书，是把视频情节翻译成镜头的过程，为后续的拍摄、剪辑提供了一个精细的流程指导，拍摄时只需要顺着流程往下走，就能快速完成拍摄，提升效率。短视频虽短，但每一个画面、每一句台词都需要精雕细琢，通过精细化拍摄和剪辑的视频才能给观众最优质的视觉体验。如果在拍摄前没有撰写短视频脚本，在拍摄时就可能会出现各种差错。例如，道具不齐全，所有参与拍摄的人员全部停下来等道具；拍摄进行到一半，发现场景没有代入感，又要更换场景重新拍摄；台词准备不充分，中途演员和编导又要重新策划台词，等等。所以，拍摄前一定要准备好短视频脚本。

2. 确保质量和特色

一个完整的短视频脚本，要想突出直播活动的特色和亮点，表现出品牌的特性，需要呈现很多的细节，镜头类别包括远景、全景、中景、近景、特写等，拍摄方式包括推、拉、摇、移、甩、跟等。要想在短短的几十秒内呈现出情节的完整性以及产品或品牌的特性，需要每一个细节都精雕细琢，不浪费每一个镜头。

二、直播预热短视频脚本撰写步骤

互联网时代讲究内容为王，因此直播预热短视频脚本的撰写至关重要，直接决定着视频的播放量和引流效果。通常情况下，短视频脚本撰写主要有明确目标用户和主题，拟大纲、建框架，定主线、有支撑，场景设计，时间把控，主题升华六个步骤。

1. 明确目标用户和主题

制作直播预热短视频，需要先分析目标用户的属性、特点、感兴趣的话题以及直播中的利益点，基于用户画像，确定短视频的主题，这样才能体现视频内容的垂直性，提高用户点击率和互动率，达到为直播精准引流的效果。

2. 拟大纲、建框架

拟大纲的目的在于提前设计好人物、环境相互之间的联系，根据账号定位确定角色场景、时间以及所需道具，搭好框架后再开始创作内容。

3. 定主线、有支撑

因为是为直播预热创作短视频脚本，所以关于直播的时间、地点、福利、主播等关键信息需要交代清楚。不管是产品介绍类、风景氛围类还是剧情类脚本，内容有价值才能为脚本做支撑。提炼核心主线，内容围绕主线展开，才能让用户看了之后更加清楚明了，重要的事情可以多重复几次，增加观众的印象。

4. 场景设计

短视频不同于影视剧，短视频的特点是短、平、快，制作成本低。要在短短几分钟内甚至一分钟内表达一个主题，选择或搭建真实场景更能让人有代入感。例如，拍摄办公室故事，却将场景定在卧室，不仅没有代入感，也没有真实感，无法让用户产生观看的欲望。

5. 时间把控

把控时间的主要目的是留住用户。面对互联网信息洪流，用户的注意力越来越碎片化。视频需要注意黄金三秒，并且每隔 5 秒左右设置反转或者爆点，给予用户刺激，吸引用户继续看下去。

6. 主题升华

用户喜欢什么样的视频？会点赞哪些内容？答案是对其"有用"的视频，可以是技能上的，也可以是情绪上的。例如，情感鸡汤让用户感同身受，干货知识让用户获得新知识。只需要一个价值点，就有可能让用户点赞、评论甚至收藏。所以，撰写短视频脚本时，要在内容中升华主题，引发用户共鸣。

某方便面产品直播引流短视频拍摄脚本见表 7-3。

表 7-3 某方便面产品直播引流短视频拍摄脚本

镜头	拍摄方法	时间	画面	解说	音乐	备注
1	采用全景，背景为昏暗的楼梯，机器不动	4s	女孩 A 和女孩 B 忙碌了一天，拖着疲惫的身体爬楼梯；背景是昏暗的楼梯，凸显两人的疲惫	无解说台词	《有模有样》插曲	女孩侧面镜头，距镜头 5 米左右
2	采用中景，背景为昏暗楼道，机器随着两个女孩的位置变化而变化	5s	女孩 A 和女孩 B 刚走到楼梯口就闻到了一股泡面的香味，飞速跑回宿舍；昏暗的楼道与两人飞快的动作交相呼应，突出两人的迫切	什么味道，好香！	《有模有样》插曲	刚到楼道口正面镜头，从两人跑步侧面一直到背面镜头
3	采用近景，背景为宿舍，机器不动，俯拍	1s	女孩 C 在宿舍正准备吃泡面，与楼道外飞奔的两人形成鲜明对比	呲呲声	《有模有样》插曲	偷拍，被摄主体距离镜头 2 米
4	采用近景，背景为宿舍门口，平拍，定机拍摄	2s	两个女孩在门口你推我抢，不让彼此进门，突出两人饥饿，与窗外的天空相互配合	我来，我来……	《有模有样》插曲	平拍，被摄主体距离镜头 3 米
5	采用近景，背景为宿舍，机器不动	2s	女孩 C 很得意地夹着泡面，看着门外两人，准备开吃，与门外的两个女孩形成对比	上××官方直播间，享多多美味	《有模有样》插曲	被摄主体距离镜头 2 米

任务实操

子任务 7.2 直播引流短视频创作和运营

（一）任务要求

1. 根据前期安排，创作一个直播预热短视频脚本，讨论后将内容填写至任务表单。

上传直播
引流短视频

2. 根据短视频脚本,拍摄预热短视频,并利用剪映等软件进行剪辑。
3. 设置短视频封面、标题短语和文案,选择合适的平台进行发布,并监控短视频运营数据。
4. 衔接任务:子任务 7.1。

(二)任务表单(见表 7-4)

表 7-4 直播引流短视频拍摄脚本

镜头	拍摄方法	时间	画面	解说	音乐	备注
1						
2						
3						
4						
⋮						

(三)任务评价(见表 7-5)

表 7-5 任务评价考核表

目标达成维度	评价标准	分值	教师评分 60%	个人自评 20%	小组互评 20%
知识和能力目标	契合主题:短视频内容切合直播活动主题,视频内容与直播内容有一定关联性,具有引流作用	5			
	脚本和拍摄:短视频拍摄方法适合,画面设计合理,台词文案与内容匹配,配乐恰当,时间把控较好,视频内容整体重点突出	25			
	剪辑:能够很好地运用转场、画中画、字幕、特效等功能对视频进行剪辑,视频制作精美,内容流畅,比例适宜	25			
	短视频封面设计:封面图片主题突出,有吸引力,文字内容重点突出,显示重要信息	10			
	短视频标题:短视频标题与视频内容切合,关键词提炼到位,对观众有吸引力	10			
	运营效果:短视频的播放量、完播率、点赞评论量高,转粉率高,直播引流效果好	10			
素养目标	具备较好的团队协作意识	10			
	具备一定的创新意识	5			
	总分	100			
	最终得分				

任务 3　设计吸睛的直播封面图和标题

任务描述

相关统计表明,精心设计了封面图和标题的直播间,其流量要比使用默认头像的直播间大得多。那么,本次任务的重点就是设计既美观又吸睛的短视频封面图和标题。

知识储备

一、设计直播或短视频预热封面图

封面图又称头图，是用户第一眼看到的内容，会给用户留下第一印象。人是视觉动物，越好看的事物越容易受人欢迎，而一个好看的直播或短视频封面会让用户打开观看的欲望更加强烈，从而增加点击率。设计封面图时，要符合以下要求：

（一）有吸引力

广告界有一个著名的"三秒五步法则"，指用户经过一块广告屏需要走5步，用3秒的时间，如果广告没有在这个时间段内吸引用户的眼球，抓住用户的注意力，那么这个广告就是失败的。封面图同样如此，如果不能在第一时间吸引用户，就是失败的。

当然，要想吸引用户的眼球，也要讲究一些技巧。人的大脑存在过滤机制，这是一种生理上的自我保护本能，因为如果没有过滤机制，任何信息都可能涌入大脑，大脑就会陷入崩溃。在这种过滤机制下，要想快速抓住用户的注意力，一方面要顺应用户的注意力本能，另一方面要打破用户的机械反应，具体来说，主要有以下几种方法：

1. 表情夸张

夸张的表情可以传递丰富的情绪信息，与表情平淡的人物图片相比，封面中表情夸张的人物图片更容易引发用户的"吐槽"和互动。

2. 制造对比

对比是打破用户机械反应的有效方法，对比效果越大，就越容易刺激用户点击观看。

3. 引发好奇

好奇心也是人类的一种本能，在好奇心的驱动下，用户大多会产生期待、快乐、欢喜等积极情绪，从而产生进一步的行动。

4. 增强戏剧性

戏剧性是指人物的内心活动通过外部动作、台词、表情等直观地表现出来，直接诉诸用户的感官。戏剧冲突越剧烈，越能刺激用户的大脑，使其产生点击观看的欲望。

（二）与直播内容相关

封面图一定要与直播或短视频内容保持一致，具有高度的关联性，这样可以让用户非常清楚地了解直播的内容。例如：母婴用品直播间可以用婴儿图片作为封面图；美妆直播间可以用某个品牌的化妆品图片作为封面图；直播在工厂实地看货，封面图可以选择工厂、车间等实景图；选择在档口直播，封面图就选择档口实拍图。如果封面与内容不相关或关联性不大，即使用户点击进去观看，其黏性也不大。

（三）有原创性

如今自媒体领域越来越注重原创，各大平台都在大力支持原创内容。封面图作为直播或短视频呈现的一部分，也要具有原创性。在设计封面时，创作者可以选取其中的某一个画面进行修饰，形成独具个性的封面风格，或者专门设计封面图，并打上个人标签，形成个人特色。

（四）符合平台规范

1. 无水印字样和广告词汇

水印是指在图片上添加的半透明 Logo 或图标，可以防止他人盗用图片，同时也可以对图片设计者进行宣传。但是水印会破坏图片的整体观感，影响图片的质量，让用户在浏览时产生不良的体验，所以短视频封面图中不允许有水印。此外，直播或短视频封面中也不能出现广告词汇、二维码、联系方式等营销元素，否则容易因为具有营销属性无法通过平台审核，或者即使通过审核也无法获得平台推荐。

2. 拒绝低俗

有些主播为了博人眼球，使用一些低俗的图片作为封面图，这样的图片被官方检测到后，封面就会被重置，从而降低封面的吸引力，严重者还会被封禁账号。

3. 避免侵犯肖像权

如果直播间没有名人参与直播，就不能使用名人作为封面图；如果直播间有名人参与直播，可以使用名人肖像作为封面图，但要提供相关的肖像使用授权文件等资料。

（五）图片质量要高

封面图要完整、清晰、干净，注重质量。在设置直播封面构图时，整个画面要完整、协调，做到简洁明了、突出主题，不能用太多元素，混淆观众感知。一般采用纯图案设计或只加上少量文字，如果封面上有文字，要把文字放在最佳展示区域，不要被标题或播放按钮遮挡住。封面的比例要合理、美观，不能存在拉伸变形的情况。通过调整图片的清晰度、亮度和饱和度，提升用户观感。如果放合成图，一旦拼接得不好，就会非常影响视觉效果，所以尽量避免，另外也不要额外加边框，显得累赘。封面图大小根据直播平台适配比例大小而定。

（六）更新变换不雷同

如果直播很多次，封面图尽量不要使用同一张或极为相近的图片，这样会让观众以为直播内容都是一样的，缺乏新鲜感，从而降低点击率。

二、设计直播标题文案

俗话说"题好一半文"，也就是说，确定了好的题目，就等于文章成功了一半。在短视频领域也是如此，为直播起一个好的标题，往往意味着成功了一半。标题是直播播放量之源，有时即使标题只有一字之差，其播放量也会有天壤之别。为直播或短视频设置标题时，要重点考虑以下几个方面：

（一）明确用户标签

确定直播或短视频目标用户群体，通过增加用户标签提升代入感。用户标签十分丰富，有很多可以利用的维度，如身份、学校、职业、年龄、性别、兴趣爱好等，如以"身份"为标签的标题"开学季采访，你的录取通知书长什么样子？"。

（二）明确用户痛点

用户痛点是直播或短视频团队制作的前提，只有摸清用户痛点，才能从用户的角度出发，满足用户需求。在短视频标题中，就很容易吸引具有同类痛点需求的用户点击观看。做家居商品推荐的主播可以在标题中写"枕头不对，一夜难眠"，对于睡眠质量差的用户来说有着很强的吸引力；"喝水不沾杯的唇釉"对于那些买到质量差、掉色严重的唇釉的用户来说具有一定的吸引力。

（三）引发用户好奇心

直播或短视频标题可以引发用户的好奇心，促使其产生兴趣，进而产生点击观看的欲望。引发用户好奇心的标题设置方法有很多，常用的方法包括以下三种：

1. 使用疑问句

例如"如何快速升级？主播来教你"。为了获得答案，用户就会点击直播观看具体内容，以满足自己的好奇心。

2. 对比反差

在标题中提供两个完全不同甚至相互对立的观点和事实，用强烈的对比和冲突来吸引用户。例如"我辞职了，但是我很高兴！"，用户看到这个标题会觉得莫名其妙，因为辞职通常是一件令人伤心的事情，但这个人为什么说自己很高兴呢？用户产生好奇心以后，就会产生观看短视频或者直播的欲望。

3. 制造神秘感，引发联想

例如"神秘嘉宾做客直播间"，用户在看到这个标题时就会产生联想，思考是哪位神秘嘉宾，从而观看直播一探究竟。主播可以另辟蹊径，运用逆向思维，从另外的角度看事物，逆向表达，从而吸引用户的注意力。例如，"别点，点就省钱"。这个标题中的"别点"先引起反差，再告诉用户为什么，因为"点就省钱"。与此类似的标题还有"小贵，但很多人买"等。

（四）进行数据化描述

运营团队在标题中可以通过具体的数字对直播或短视频内容进行数据化描述，给用户以直观和具体的感受。标题中的数字形式一般采用阿拉伯数字形式，而不是汉字形式。例如"夏季新品回馈优惠 50 元"，在标题中使用数字，增强标题的辨识度，降低大脑的思考难度。某平台上的一位短视频创作者发布了一条短视频，其标题为"月收入从 0 到 10 万，低学历 95 后打工者自述"，获得了 15.7 万次的播放量。

（五）引发用户情感共鸣

短视频标题中如果有情绪共鸣点，就可以让用户感同身受。例如，抖音上有一条短视频的标题为"生活本身就是苦难的，愿世界善待你们"，该短视频展现了一个身形消瘦的父亲送女儿上大学的场景，让很多看过该短视频的用户落泪，想起了自己的父亲。

（六）找准关键词

现在直播平台大多使用推荐算法来分发内容，其基本流程为：机器解析—提取关键词—按标签推荐—推送给相关用户—用户点击观看。机器算法对图文内容解析的优先级要高于短视频内容，机器很难在直播中获取相关的有效信息，最直接、有效的获取途径是直播的标题、描述、标签和分类等。在进行推荐分发时，平台会通过用户输入的关键词给出搜索列表，如果短视频的标题中有用户搜索的关键词，就会被平台推荐。

因此，直播或短视频在设置标题时可以多添加一些流量高的热门关键词，对提升推荐量和播放量都是非常有益的。运营团队可以利用微信小程序"标题大师"、巨量算数或今日头条的热词分析功能查看关键词的相关热度指数，并进行关联分析、用户画像分析和评论分析等，以便对播放量有一个初步的判断。

（七）追热点

在设置直播标题时也可以追热点，其目的是借助热门话题将自己的直播传播给更多的用户，让更多的用户知道自己的平台直播账号。但需要注意的是，要追的热点一定要与账号的定位具有相关性，例如，每到"情人节"，关于情感、恋爱和婚姻的话题都有可能吸引巨大的流量，追这一热点可以为直播引流，但如果直播内容与情感、恋爱和婚姻的话题没有关联，就算有了流量，其营销效果也不会很好。又如，在世界杯期间，可以设计与世界杯相关主题的直播内容，通过热点吸引观众观看，增加直播间人气；在中秋节到来之际，就可以抓住"中秋节"这个节日热点来写直播标题，如"中秋团圆优惠等你来""中秋团圆××蜂蜜"等。

（八）确定标题句式

短视频标题要多用短句，并合理断句，避免用特别长的句子，这样可以控制文字的节奏。标题除了采用陈述句式，还可以尝试采用疑问句、反问句、感叹句或设问句等句式，以引发用户的思考，增强代入感。

一般来说，短视频标题要多用两段式或三段式，这样的标题不仅易于用户理解，减少其阅读负担，还可以承载更多的内容，层层递进，使表述更为清晰。例如，百度好看视频中有一条带"热评"标记的短视频，其标题为"十年便利店老板，告诉你开店没有那么难，利润到底有多高"。

（九）标题字数要适中

直播或短视频标题的字数要适中，不宜过多，否则就会显得非常冗杂，不利于用户了解直播或短视频的主要内容，但是字数过少会影响机器算法提取信息的准确度。一般而言，直播标题字数应该控制在 10～20 字为宜，用一句话来展示直播内容的亮点，一定要避免空洞无物，没有传递有效信息。

（十）文题相符

标题中提到的问题要和直播内容相符合，主播要保证标题和内容的相关性，杜绝"标题党"。"标题党"是指为了吸引用户的注意，写了完全与直播内容无关的标题，这样既欺骗了用户，又浪费了用户的时间。

任务实操

子任务 7.3　设计直播封面图和标题

（一）任务要求

1. 根据前期直播安排，设计封面图一张，作图软件自行确定。
2. 根据前期直播脚本，提炼一个直播标题。
3. 将讨论结果填写至任务表单。

4. 完成任务主要岗位：运营岗、美工（技术）岗。
5. 衔接任务：子任务 7.1。

（二）任务表单（见表 7-6）

表 7-6　直播封面图和标题设计思路表

直播封面图
直播标题

（三）任务评价（见表 7-7）

表 7-7　任务评价考核表

目标达成维度	评价标准	分值	教师评分 60%	个人自评 20%	小组互评 20%
知识和能力目标	封面图美观、清晰、尺寸恰当	10			
	封面图符合平台规范	10			
	封面图与直播主题吻合	10			
	封面图有吸引力，引流效果好	10			
	标题字数恰当，句式合理	10			
	标题有吸引力，引流效果好	20			
	标题与直播主题吻合	10			
素养目标	具备较好的团队协作意识	10			
	具备一定的创新意识	10			
	总分	100			
	最终得分				

知识拓展

1. 公域流量和私域流量

公域流量，顾名思义，是指公共领域中的流量。这类流量主要来源于搜索引擎、社交媒体、电商平台等公共平台，具有较高的曝光度和关注度。

公域流量的特点为：第一，获取成本较低。由于公域流量来源于大众化的平台，因此企业在获取这部分流量时的成本相对较低。第二，竞争激烈。由于公域流量的曝光度高，吸引了大量的企业和个人参与竞争，因此竞争压力较大。第三，用户黏性较低。由于公域流量的用户来源广泛，企业很难对这部分用户进行精细化管理，因此用户黏性相对较低。

私域流量，又称为私有领域流量，是指企业或个人通过自有渠道、自有平台吸引和管理的流量。这类流量主要来源于企业官网、微信公众号、微信群、小程序等私密空间，具有较高的精准度和转化率。

私域流量的特点为：第一，获取成本较高。由于私域流量的来源相对单一，企业需要投入更多的资源和精力来获取这部分流量，因此获取成本相对较高。第二，竞争压力较小。由于私域流量的用户来源较为集中，企业可以更加精细化地进行运营管理，因此竞争压力相对较小。第三，用户黏性强。由于私域流量的用户来源于企业自有渠道，企业可以更好地进行用户需求挖掘和个性化推荐，从而提高用户黏性。

2. 拍摄构图

构图，造型艺术术语，指作品中艺术形象的结构配置方法。它是造型艺术表达作品思想内容并获得艺术感染力的重要手段。在图片制作和短视频拍摄过程中，对画面布局构图决定着用户的观感，影响着作品的质量。

在拍摄制作中，常用的构图方法主要有中心构图法、九宫格构图法、二分构图法、三分构图法、对称构图法、框架构图法、水平线构图法、对角线构图法、引导线构图法、S形构图法、辐射构图法、紧凑式构图法等。通过不同构图方法，呈现不同美感，营造不同意境，形成不同的视觉效果。因此，在视频拍摄中，要注意拍摄构图，提高拍摄质量和美感。

3. 拍摄运镜

运镜也就是运动镜头，顾名思义，就是通过运动摄影来拍摄动态景象。拍摄者通过使用稳定器灵活运镜，不仅可达到平滑流畅的效果，更能为影片注入气氛和情绪，让镜头充满活力。

镜头的很多语言是通过运镜的方式来表现的，常见的拍摄运镜有推镜头、拉镜头、摇镜头、跟镜头、移镜头、升降镜头等，通过不同的运镜方式不仅可以呈现不同的视觉冲击，还能推动故事的发展，因此拍摄者掌握运镜手法至关重要。

习题训练

一、单选题

1. 下面不属于直播预热引流公域流量方式的是（　　）。
   A．微信公众号　　B．社群　　C．微博　　D．平台短视频
2. 下面不属于直播预热引流私域流量方式的是（　　）。
   A．平台账号简介　B．商品详情页　C．平台短视频　D．社群
3. （　　）不属于直播主题的类型。
   A．内容型　　B．活动型　　C．福利型　　D．娱乐型
4. 直播人气的高峰值一般在（　　）。
   A．7点—9点　B．12点—14点　C．15点—17点　D．19点—22点

5. 视频标题文案与当前公众关注度、议论度高的事件相关联，这属于（　　）文案标题写作技巧。
   A．追热点　　　　　　　　　　B．引起用户好奇心
   C．用数据描述　　　　　　　　D．引起共鸣

二、判断题

1. 抖音视频发布以竖屏为宜。（　　）
2. 直播引流短视频只能在直播开始前发布，直播中就发布不了。（　　）
3. "黄金三秒"原则说明一条短视频前3秒的制作和表现是非常重要的。（　　）
4. 直播封面图上出现一些二维码，方便观众扫描观看。（　　）
5. 在抖音直播间或者短视频文案中，可以用一些营销类词语吸引用户，比如清仓、批发、工厂、甩卖、万能、绝对、十足、全网最低等。（　　）

三、案例分析题

交个朋友直播间直播预热

做直播需要预热，预热包括短视频预热、站外预热等多种预热方式。不管是哪一种直播预热方式，都需要有吸引力的文案，让用户看到的第一眼就对你的直播产生兴趣，从而进入你的直播间！

抖音交个朋友直播间的直播预热文案宣传较为经典，从其直播宣传文案中，可以总结一些直播预热文案技巧。

1. 海报预热文案

（基本上）不赚钱，交个朋友。

这则直播预热文案直接点明目的——为了交个朋友。这拉近了和观众之间的距离，让人更有亲切感。另外，为了避免违反《广告法》，用"基本上"这样的字眼，巧妙地将最高级转为非最高级。

2. 海报倒计时预热文案

交个朋友直播间的宣传预热文案非常善于制造悬念和把握用户的痛点，例如表7-8展示了其倒计时5天的宣传预热文案。

表7-8　交个朋友直播间倒计时5天预热文案

倒计时	预热文案内容
倒计时5天	如果不是全网最_____ 怎么会让上千万人挤在一个屋子里买东西？
倒计时4天	如果不能帮忙节省更多的_____ 怎么会让有事做的人也愿意在这里待上几个小时？
倒计时3天	如果没有大量地发_____ 怎么会让路人也兴奋得大呼小叫？
倒计时2天	如果不能涨_____ 怎么会让这么多人花了钱之后还心怀谢意？
倒计时1天	如果不是全程都_____ 怎么会让不买东西的人也舍不得离开？

这组倒计时预热文案最大的特色就是用"填空题"的形式，一方面，设置悬念，吊足观众

的胃口，增强观众互动，有利于平台流量推荐；另一方面，抓住用户痛点和需求，巧妙地避开《广告法》禁止出现的宣传内容。在直播间一听到"全网最"，观众第一时间想到的是"最低、最好、最划算"等字眼，但是交个朋友直播间没有直接说明，而是让观众自行联想，巧妙地规避了《广告法》的违禁词，又达到了预期的效果。另外，预热文案抓住了消费者寻低价、求实惠的心理和需求，并且营造了良好的销售氛围。这则文案不仅有创意，又能抓住用户痛点问题，规避《广告法》的违禁词，堪称直播预热的典范。

3. 交个朋友直播间五折优惠预热短视频

直播预热短视频文案的重心在于，要告诉别人将在什么时间、什么场景做什么事，有没有福利，有什么亮点等，激发用户看直播的欲望，例如有几轮红包、会送什么福利等。

在交个朋友直播间的预热短视频文案中，"五折"系列直播预热短视频非常经典。大家可以通过抖音搜索功能，搜索"交个朋友打五折"，选择"交个朋友直播间"账号的视频进入观看，也可以直接搜索"交个朋友直播间"账号，点进主页，查找2021年5月到6月18日的视频进行观看，查看交个朋友直播间在618期间的"五折"系列直播预热短视频。

交个朋友直播间的"五折"系列宣传预热短视频成功点在于有趣、有料、有实惠，是视频内容和宣传结合的典范。一方面，预热短视频内容轻松幽默，员工问老板今晚直播打几折，老板在无意中比出了"五"的手势，员工误以为是打五折，从而发出今晚直播间全场五折的宣传海报。视频内容十分有趣，让人能够停下来看完整个短视频。另一方面，短视频内容突出了优惠力度五折，给人留下物美价廉、超级实惠的印象，让观众有所期待。另外，"五折"系列直播预热短视频的标题文案也同样有趣好玩。

4. 直播预热文案小结

总而言之，想要吸引观众进入直播间，直播预热文案可以采用以下三个方法：

（1）设置悬念——激发用户好奇心。
（2）运用数字——直观感受卖点。
（3）简洁明了——拉近距离，一看就懂。

设计直播预热文案的目的在于提升直播间人气，除了在预热文案上下功夫之外，还可以采用以下方法来提升直播间人气：

（1）直播预热短视频发布时开启同城定位，会吸引更多的同城粉丝进入直播间。
（2）在账号主页简洁明了地告诉粉丝和观众直播时间和内容。
（3）保证直播的时间和频率，提升直播权重，有助于获得更多直播流量推荐。
（4）设置好看的直播封面和有吸引力的标题才能在直播广场得到更多曝光，从而提升直播间人气。
（5）直播开始时，将直播间分享给粉丝和好友。
（6）在直播间和其他主播连麦，展示才艺，提升粉丝的关注度。

（资料来源：www.xiaozhu.hk）

思考：

1. 查看交个朋友直播间"五折"系列短视频，说说其直播预热宣传短视频的特色和亮点。
2. 结合本案例，谈谈你将如何策划你的直播预热短视频。

项目八

设计与展现直播话术，提升直播营销力

学习目标

知识目标
- 掌握常用直播话术
- 理解直播话术策划 FABE 法则
- 理解直播话术策划技巧"四点四步"
- 理解直播话术规范性
- 掌握直播话术展现要点

能力目标
- 能撰写直播流程和各单品话术，并形成整体话术文案
- 主播、副播等岗位能够恰当展现直播话术

素质目标
- 培养工匠精神
- 培养大方自信态度和临场表现力
- 培养合规合法意识
- 培养团队协作意识

赛证对接

2023 年全国职业院校技能大赛高职组直播电商模拟竞赛规程评分标准

制定方：大赛组委会

产业行业	岗位（群）	核心能力
互联网和相关服务（64）、批发业（51）、零售业（52）	直播销售	直播商品讲解能力 直播间氛围把控能力 直播互动营销能力 突发状况处理能力 直播间流量转化能力

模块	任务	任务详情描述
模块二：直播运营	任务 2：直播销售	根据直播脚本，完成直播销售讲解，包括直播开场、直播销售促单以及直播收尾等内容，并在直播过程中上架商品链接
	任务 3：直播互动	根据直播互动方案，在直播后台完成互动的预设。在直播过程中，积极与观众抽奖、发红包等福利互动以及弹幕互动，活跃直播间氛围，同时配合主播讲解进度，完成直播互动推送

任务 1 认识常用直播话术

任务描述

直播话术是指直播时主播口播的语言，具有较强的技术性。直播前先拟好话术，才能符合整体节奏，做到游刃有余。作为新手，要学习如何撰写直播话术。话术有一些固定模式和方法，掌握了这些方法，直播时就能更加轻松。这一任务中我们就来学习常用的直播话术。

知识储备

一、直播流程常用话术

（一）常用主播话术示例

按照直播营销的一般流程，直播的常用话术包括开播暖场、引导关注、互动玩法、点击关注、加入粉丝团、下播预告等众多环节话术，直播运营团队需要根据前期直播脚本来设计具体直播话术。直播营销常用话术示例见表 8-1。

表 8-1 直播营销常用话术示例

话术应用场景	话术技巧	示例
直播预告	说明直播主题、直播时间、直播中的利益点	明天晚上 8 点，"感恩母亲节"来啦！一定要锁定××直播间，福利已经为你们准备好啦！转发+关注，抽出 100 位幸运儿平分万元现金红包哦
开播欢迎	介绍直播商品情况，介绍优惠或折扣力度	嗨，大家好，我是××，欢迎大家来到××直播间，今天是 618，年中大促，我为大家带来 × 款超值商品，今天直播间的朋友可以享受超低直播价哦
	制造直播稀缺感	嗨，大家好！欢迎来到直播间，今天晚上的直播会有超多的惊喜等着你，超高品质的商品都是超低价秒杀，机会难得，大家一定不要错过哦
	引导观众互动留言，激发观众的参与感	感谢大家百忙之中来看我的直播，大家今天晚上有没有特别想实现的愿望啊？大家可以在评论区分享哦，万一我一不小心就帮你实现了呢
开播暖场	设置抽奖活动，引导观众参与互动	话不多说，正式开播前先来一波抽奖。今天是母亲节，在评论区输入口号"妈妈 I Love You"，我会随机截屏 5 次，每屏的第一位粉丝将获得 80 元现金红包
引导关注	强调福利，引导关注	刚进直播间的朋友们，记得点左上角关注直播间哦！我们的直播间会不定期发布各种福利
	强调签到领福利	喜欢××直播间的朋友，记得关注一下直播间哦，连续签到七天可以获得一张 20 元的优惠券
	强调直播内容的价值	想继续了解服装搭配技巧／美妆技巧的朋友们，可以关注一下主播哦
邀请观众进群	设置福利，体现服务内容的价值性	今晚我们为观看直播的粉丝们专门建立了一个免费的美妆交流群，欢迎加入，我会不定期在群里为大家分享一些护肤方法和化妆技巧
活跃直播间氛围	强调优惠	这款翡翠手镯市场价格是××××元，今晚直播间的粉丝们下单×××元就能送给妈妈、送给爱人，真的特别超值
	强调价值	21 天让你的 PPT 水平上一个新台阶
	使用修辞手法	啊！好闪，钻石般闪耀的嘴唇
转场引起下文	提问互动引出下文	看了刚才的 PPT 演示，不知道大家以前是怎么做的呢，欢迎在评论区里留言哦
	说明商品特色引出下文	下面我教大家如何在 15 秒内画好眼线。有人会说这怎么可能呢，因为我有这款非常好用的眼线笔
激发观众对商品的兴趣	提高商品的价值感	我给大家争取到了最优惠的价格，现在买到就是赚到
	打破传统认知	买这个颜色的口红，是你驾驭口红的颜色，而不是口红的颜色驾驭你
	构建商品的使用场景	穿着白纱裙在海边漫步，享受着温柔的海风的吹拂，充满了夏日阳光的味道
	强调商品的细节优点	这款便携式榨汁机是我用过的榨汁机中最好的一款，它的外观设计和安全设计非常好！今天我为大家争取到了七折的优惠价。买了它绝对超值
引导观众下单	强调配送和售后服务	我们直播间的商品都支持七天无理由退货，购买后如果对商品不满意是可以退货的，大家放心购买。产品满 38 包邮到家。厂家直接发货
	与原价做对比	这款商品原价是×××元，为了回馈大家的厚爱，现在只要××元，喜欢这款商品的朋友请不要再犹豫了，错过今天只能按原价购买了
	限时、限量、限购，制造紧张感	最后 50 件，大家抓紧时间下单吧 库存还剩 40 件、26 件…… 今天的优惠力度是空前的，这款商品今天商家只给了××件，今后再也不会按这个价格卖了 福利价购买的名额仅有×× 个，先到先得！目前还剩 × 个名额，赶快点击左下角的购物袋按钮抢购哦

（续）

话术应用场景	话术技巧	示例
引导观众下单	偷换心理账户，强调价格优惠	这个真的很划算，三包方便面的钱就能买到 这款液体眼线笔真的值得买，一支能用一年，算下来一天不到三毛钱
引导观众下单	引导查看商品链接	大家如果想要了解更多的优惠信息，一定要点击"关注"按钮关注主播，或者直接点击商品链接查看商品详情
引导观众下单	引导加入购物车	如果大家还没有想清楚要不要下单、什么时候下单，完全可以先将商品加入购物车，或者先提交订单抢占优惠名额
下播	表达感谢，引导关注	谢谢大家，希望大家都在我的直播间买到了称心的商品，点击关注，明天我们继续哦
下播	引导转发，表达感谢	请大家点击一下右下角的转发链接，和好朋友分享我们的直播间，谢谢
下播	强调直播间的价值观	我们的直播间给大家选择的都是性价比超高的商品，直播间里的所有商品都是经过我们团队严格筛选，经过主播亲身试用的，请大家放心购买。好了，今天的直播就到这里了，明天再见
下播	商品预告	大家还有什么想要的商品，可以在交流群里留言，我们会非常认真地为大家去选品，下次直播推荐给大家
下播	预告直播利益点	好了，还有 × 分钟就要下播了，最后再和大家说一下，下次直播有你们最想要的 ×××，优惠力度非常大，大家一定要记得来哦

（二）副播或助理话术

副播或助理话术相对简单，主要由四个方面组成：

（1）自造问题。配合主播提出问题，让主播能自然而然地接住话题，从而引出产品或者产品的某个优势。

（2）反驳主播。通过唱反调的方式，突出主播话术的确定性，让用户感知到产品的优势及功能，增强信任感。

（3）放大特点。把同行产品经常遇见的问题告诉主播，让主播能更好地介绍与别家产品的不同之处，优势尽显。

（4）互动评论。手眼并用协助营造互动玩法直播氛围。时刻注意公屏评论，帮助粉丝提出问题，让主播在比较忙的时候也能顾及粉丝感受。有黑粉也需要及时维护，及时解决，不能让黑粉带节奏。

二、单品常用话术技巧

（一）产品卖点介绍 FABE 法则

FABE 法则是一种推销法则，它的核心思想是在推销产品时，需要将产品特征转化为顾客利益，从而激发顾客的购买欲望。它是从属性到作用，再到利益，最后提供证明的过程，一层一层挖掘商品卖点，使顾客对产品从认知到信任的过程。这一法则在销售中运用得较为广泛，直播作为一种特殊的销售形式，也可以利用该法则。

FABE 法则由四个部分组成：

1. F（Feature）：属性、特征

F 是指产品本身所具有的属性，即较为理性客观地将产品表达给消费者。每款商品的属性或特征有很多，不同类型的商品有不同的属性或特征，例如食品有配料、营养、使用方法、口味、外观等属性，服装有款式、面料、颜色等属性，但是在介绍这些属性的时候，消费者时间

精力有限，关注点不同，应该重点介绍人无我有、人有我优的属性或特征。

2. A（Advantage）：作用、优势

A 是指产品具备的作用或优势，即描述产品的特质、特性等最基本功能，以及它是如何用来满足人们的各种需要的。产品的作用或优势来源于与其他同类产品的对比。因此，介绍时应善于通过对比突出产品人无我有、人有我优的作用或优势。

3. B（Benefit）：利益、好处

B 是指用户在购买使用产品后得到的好处或利益，即产品可以解决用户问题或痛点的理由。注意：在介绍商品时一定不能忽略利益点，因为利益点才是大部分用户最关心的。

4. E（Evidence）：证据、例证

E 是指证明材料，包括一切可视化的材料，如对比演示、证明材料、证书、技术报告、消费者分享、嘉宾分享、照片、数据等，目的是让用户相信主播说的话是可信的，让消费者产生共鸣，坚定购买决心。

FABE 销售话术运用见表 8-2。

表 8-2　FABE 销售话术运用

消费者思维	FABE	销售话术	举例
这是什么	Feature（属性、特征）	它是一种……	××口服液含有复合多糖；每盒儿童牛奶含有 100mL 的 DHA
那又怎么样	Advantage（作用、优势）	它可以……	××复合多糖经过多年科学研究，精心配比，具有增强免疫力的作用；DHA 奶源是自身纯天然的，不是后期添加的
对我有什么好处	Benefit（利益、好处）	对你来说……	通过增强免疫力，帮助消费者保持良好的状态；通过科学补充 DHA，可以快速促进孩子智力发育
为什么相信	Evidence（证据、例证）	你看，这是……	××口服液上市 20 多年了，产品品质有口皆碑；每盒牛奶营养成分在包装盒上均有标注，并且有产品质检报告

FABE 法则应用案例如下：

销售红糖商品

如果想要销售一款红糖商品（见图 8-1），说服顾客购买的步骤很重要，可以按照 FABE 法则进行分析。

首先介绍商品特征（F），如：原料来自天然有机种植基地，富含高倍叶酸、铁、钾等元素。

其次介绍商品优势（A），如：有机、安全、无污染、无添加、无杂质，能够补充能量和必要的微量元素。

再次介绍商品利益（B），最好在介绍时找到与顾客的关联点，如：姨妈期、月子期女性的佳选，能够益气养血、散寒活血、健脾暖胃。

如果这时顾客还在犹豫，那么再加上有力的证据（E）：已经有大量的顾客都在食用这款红糖，并且得到了一致好评。此外，我们还有微量元素检验报告作为品质保证。

图 8-1　红糖销售

（二）话术口语化、场景化

高成交率的直播单品话术设计重点是在介绍商品时语言要口语化，不要太书面化，同时配合丰富的肢体语言、面部表情等，使主播整体表现具有较强的感染力，能够把用户带入描绘的场景中。

话术场景化是指将直播话术与特定生活或工作场景相结合，通过场景化的表述，使观众能够更快速地理解产品特点并产生购买欲望。通过对产品在特定场景下的使用进行描述，展示来吸引观众的注意力，从而促进销售。

例如，主播介绍一款垃圾袋（见图 8-2）：

按照说明书上的文字正式地介绍——这款垃圾袋的材质是聚乙烯，抗酸碱性能、抗寒性能好，安全无异味，袋壁加厚处理，耐撕扯，耐穿刺。这样的描述用户听上去会觉得枯燥无味，也不易记忆。

图 8-2　直播商品介绍——抽拉式垃圾袋

口语化、场景化的介绍——倒垃圾时垃圾袋经常会漏出一些带腥味的液体，味道很难闻，有时不得不套用两个垃圾袋。在超市里买的垃圾袋明明写着是加厚的，买回来一看还是很薄。有没有人遇到这种情况？那你一定要买这款垃圾袋。我特别喜欢它的款式，带一个抽拉绳，能够牢固地套在垃圾桶上。能承重 20 斤，日常装垃圾完全没有问题，非常方便耐用，直接买它就对了。

（三）不同类型单品话术侧重点

介绍不同类型的单品时，要抓住用户感兴趣的点，下面是不同类型单品话术侧重点：

1. 食品类

这类商品需要通过主播现场试吃，通过表情和语言表现食物的口感，通过文字的表述体现出食物的色香味，同时还要介绍食物的配方。

对于食品类商品，用户的关注点主要是保质期、配料、口感、价格、规格。

2. 美妆护肤类

这类商品一般通过现场实验来表现，如面膜一定要现场挤出精华，展示精华的含量；如口红，可以选择当场试色，还可以展示口红怎么涂会更显效果。

对于美妆护肤类商品，用户的关注点主要是使用感受（质感、质地）、功效（保湿还是抗老）、成分（添加了哪些主要成分、作用是什么、占比有多少）、适用人群（肤质、年龄）和价格。

3. 鞋靴服饰类

这类商品需要展示介绍，展示实际上身的效果，还可以简单地给观众讲解这类商品的搭配方法。通过主播试穿和展示，观众能够直观地了解鞋靴的品质和穿着效果。

对于鞋靴服饰类商品，用户的关注点主要是风格、面料舒适度、实际上身效果、有无色差、尺码（透露模特身材信息、方便粉丝对比）、价格。

4. 餐饮旅行团购类

团购是近年来同城电商中比较热门的板块，适合具有线下门店、线上线下相结合的消费模式。这类商品一般具有较强的地域性或时效性。

对于餐饮旅行团购类商品，用户的关注点主要是产品内容、产品特色、性价比、消费方式、售后等。

5. 家居生活类

对于这类商品，重点介绍商品的功能、材质、设计、实用性和价格等信息。通过主播演示和实际使用，观众能够了解商品的特点和优势，以及在实际生活中的运用效果。

对于家居生活类商品，用户的关注点主要是产品材质、产品特色、性价比、运输、售后保养等。

任务实操

子任务 8.1.1　产品 FABE 法则训练

产品 FABE 法则训练信息见表 8-3。

表 8-3　产品 FABE 法则训练信息

产品	图示	信息
1		长白山野生黑木耳 直播间价格：36.8 元/袋 规格：500g/袋 1. 用心挑选 2. 朵片完整、无杂质 3. 口感清脆 4. 多种吃法 5. 7 天无理由退换 6. 赠运费险
2		横岭湖小鱼干 直播间价格：19.6 元/袋（140g） 规格：40 小包/袋（香辣、麻辣、酱汁、盐焗、泡椒） 1. 天然晾晒 2. 去头去尾 3. 肉质紧致有嚼劲 4. 加入特质调香酱料 5. 口感丰富 6. 经过高温杀菌 7. 独立铝箔装

（一）任务要求

1. 结合以上信息和网络信息搜集，整理以上两款产品的 FABE 信息并填写至任务表单。

2. 完成任务岗位：全体人员。
3. 衔接任务：无。

（二）任务表单（见表 8-4）

表 8-4　产品 FABE 信息分析表

产品 1			
F：属性、特征	A：作用、优势	B：利益、好处	E：证据、例证
产品 2			
F：属性、特征	A：作用、优势	B：利益、好处	E：证据、例证

（三）任务评价（见表 8-5）

表 8-5　任务评价考核表

目标达成维度	评价标准	分值	教师评分 60%	个人自评 20%	小组互评 20%
知识和能力目标	信息分析表内容完整丰富	20			
	信息分析表内容客观准确	40			
	展示汇报表述清楚、流畅	20			
素养目标	具备较好的团队协作意识	20			
	总分	100			
	最终得分				

子任务 8.1.2　直播话术策划

（一）任务要求

1. 在前面直播脚本的基础上，策划整场直播话术，话术内容包括流程类话术和各单品话术。
2. 单品话术尽量根据 FABE 法则提炼，并填写任务表单。
3. 主要负责岗位：运营岗或策划岗。
4. 衔接任务：项目四、项目五、项目六中所涉及的子任务。

（二）任务表单（见表 8-6）

表 8-6　直播话术任务表

整场直播话术					
直播主题					
产品与类型					
主要活动玩法					
商品介绍流程	过款式/循环式				
直播时间					
时间段	直播内容	主播话术		助理话术	现场配合
	预热				
	产品预告、抽奖预告				
	介绍引流款 1				
	介绍福利款 1				
	发起抽奖 1				
	介绍利润款 1				
⋮	⋮	⋮		⋮	
	预告明日开播时间、产品、活动内容……				

（三）任务评价（见表 8-7）

表 8-7　任务评价考核表

目标达成维度	评价标准	分值	教师评分 60%	个人自评 20%	小组互评 20%
知识和能力目标	直播话术完整，要素齐全，形成一整套话术文案	20			
	话术对接脚本流程，紧扣流量需求，符合行业惯例	30			
	单品话术运用 FABE 法则	10			
	单品话术体现场景思维	10			
	展示汇报表述清楚、流畅	10			
素养目标	较好的团队协作意识	10			
	具有较好的合规意识	10			
	总分	100			
	最终得分				

任务 2　提升直播话术技巧

任务描述

在上一任务中，我们掌握了常用的直播话术，但是还不够。直播的主要目的在于引流、留人、引导下单，这就凸显了话术的技巧性。本次任务我们就来学习直播话术"四点四步"法以及直播话术规范。

知识储备

一、直播话术策划技巧"四点四步"

（一）直播话术策划技巧"四点"

直播营销的对象是不同类型的消费群体，主播要设身处地站在用户的立场上思考问题，深入了解目标用户群体的现状与内心感受，挖掘出商品的"卖点"，找到他们的"痛点"，挠到他们的"痒点"，触达他们的"爽点"，才能真正抓住消费者心理，让他们在直播间产生即时下单、非买不可的心理。无论哪一种产品，可考虑将卖点、痛点、痒点、爽点中的任何一点作为营销的切入点，当然"四点"相结合且灵活运用效果更好。

1. 卖点

卖点即商品的特征和优势，是产品具备的别出心裁、与众不同的特色和特点。这些特点，有的是产品本身具备的，有的是通过营销策划，通过人的想象力、创造力"无中生有"的。直播产品卖点的介绍需要根据不同品类和产品特点进行具体分析。

此外，卖点还需要和竞争对手的产品进行对比，是竞争对手所没有，或者优于竞争对手的。

例如，某品牌羽绒服在 2021 年冬天推出了一款风衣型羽绒服（见图 8-3），尽管羽绒服品牌很多，但是这款具有型好、轻薄、保暖、防风、适合通勤的特点，是其他品牌所不具备的，因而成功占据了羽绒服高端商务细分市场。

图 8-3　风衣型羽绒服

2. 痛点

痛点即用户生活工作中所恐惧的，现实存在或潜在的困扰和需要解决的问题。痛点是因人而异的，是主观的，对于一部分人可能是痛点，对于其他人可能不是。因此，在分析痛点时，要考虑到大多数人可能面临的问题。例如，办公室久坐人群面临肩颈疼痛不适的问题，这就是一个普遍性痛点的挖掘。

3. 痒点

痒点即用户需求层次中虚拟的自我，想要得到却一直得不到的。痒点不一定是必需的，但却是用户渴望得到的，能够起到锦上添花的作用。例如，新能源车因其环保、流行、成本低的特点，让不少人产生购买的欲望，但是许多消费者家中已经有汽油车，所以迟迟未更换，购买新能源车就是这部分消费者的痒点。这种情况下，如果遇到新能源车价格大让利的活动，消费者换车购买的可能性就比较大了。

4. 爽点

爽点即用户得到即时性的满足，通常是放在销售强化、促进下单的环节，是下单前的"临门一脚"。直播间的商品通常是中低客单价商品，利用好"爽点"，可以更好地促进销售。

提到爽点，我们需要知道一种叫作多巴胺的东西。多巴胺是一种用来帮助细胞传送脉冲的神经传导物质。这种脑内分泌物与人的感觉、欲望有关，它可以传递兴奋和开心的情绪。通过购买产品，能够让用户得到高效的即时满足，分泌更多的多巴胺，产生爽感，然后强化认识，追求更多爽感。

例如，可以通过价格再让利或者现货秒发实现消费者爽点的满足。一般商品都是 48 小时内发货，现货秒发让消费者享受更快拥有所购买商品的快乐，这对于追求效率、急迫想要得到商品的人来说，无疑是非常有效的。

5. 直播话术策划技巧"四点"小结

"四点"话术是站在用户角度拆解话术，让主播话术更能打动用户。一般在介绍单品时，至少要用到其中一个"点"，如果能灵活运用几个"点"，则能达到"动之以情，晓之以理，诱之以利"的效果。××牛肉丝直播话术"四点"拆解见表8-8。

表8-8　××牛肉丝直播话术"四点"拆解

产品	卖点	痛点	痒点	爽点
××牛肉丝	产品优势：巴蜀时尚，川味传承，口味地道，香辣回甜，根根分明，丝丝入味；由牛后腿腱子肉切片后经腌、晾、烘、蒸、炸、炒等工序制作，不干不柴；独立包装，干净卫生，便于携带	粉丝担心的问题：劣质肉，以次充好。本产品出自××官方直播间，真牛肉不掺假，无淀粉，无大豆蛋白，无合成牛肉	知名本土品牌××，在平时价格基础上，此次618活动限量特卖，且参加直播间各类满减活动	拍下现货秒发，再送优惠券

（二）直播话术策划技巧"四步"

直播话术"四步法"

直播间流量数据的把控非常重要，只有用户更多、更久地停留在直播间，系统才会推送更多的流量，才能产生更多的销售。因此，单品直播话术应围绕流量卡点进行设计，分为"聚人—憋单—放单—逼单"四个步骤。

1. 聚人

聚人就是把用户聚集到直播间。在刚开播介绍某款商品的时候，直播间的人是比较少的，需要采取一定的手段将用户吸引到直播间。如果直接讲产品，但观看的人数少，则起不到太大效果，因此需要先聚集人气。聚人的主要手段是做产品和福利预告，通过预告，告知产品活动的内容、做福利的原因，并且强调福利的稀缺性，从而让人愿意继续停留在直播间。

常见聚人话术如下：

直播间3分钟后有福利，喜欢的扣1。（福利预告）

想看××的扣1，想看××的扣2。（发起互动，聚集人气）

我们这次是做年终让利，专门向厂家申请的，平时即使在直播间里这个价格也是买不到的。（告知福利原因并强调稀缺性）

2. 憋单

憋单是只介绍商品，不放库存或链接，用户此时不能点击下单。憋单的目的是通过吊胃口拉长用户在直播间的停留时间，但是憋单时间不宜过长，否则时间久了用户也会退出直播间，并且会产生诱导互动的嫌疑。憋单的常见办法是介绍活动或福利、引导用户互动、猜产品价格、引导点击关注、加粉丝团、发起评论等。

常见憋单话术如下：

我们现在要开始做炸单活动了，倒数十个数，即将要开始"9元抽上衣"活动，在线50人炸第一单，在线100人炸第二单，以此类推。（介绍福利）

今天开场给大家炸一单，出厂价99的产品今天9.9给大家炸一单，如果你们觉得主播的这个价格给力的话，请把"给力"两个字打在公屏上面。（发起互动）

如果你是第一次刷到我的直播间，请扣一个新粉，咱们左上角点个关注。一分钟的时间我让后台去统计新粉的数量，我好根据人数来准备半价产品送给大家。（引导关注）

3. 放单

放单是放库存或挂链接，一般要配合倒计时口令，营造紧张的氛围。这时可以一边强调放库存上链接，一边介绍商品卖点，抓住痛点、爽点、痒点进行直播销售。

直播秒杀放单，流程如下：

（1）主播在直播时要先准备秒杀，需要设置每个用户最多能购买的数量。

（2）确认直播平台内的订单是否已经打单，并且核查是否满足发货要求。

（3）然后在直播间内告知粉丝开始秒杀，并循环播放倒计时。

（4）最后在倒计时结束时，确认订单并且结束秒杀。

需要注意的是，直播放单需要严格遵守直播带货平台的规定和要求，不得违反相关规定，虚假销售。同时，为了保证直播放单的效果和体验，应提前做好充分的准备和测试。

常见放单话术如下：

倒计时10个数，之后上30单库存，拼手速的时间到了，准备好，10、9、8、7……

4. 逼单

逼单是针对点击了商品链接但没下单，或者下单了但没有付款，或者还在考虑的用户，通过主播与助播的配合，加强话术引导，促进下单付款，提升转化购买率。以下是几种常见的逼单手段：

（1）强调库存较少或时间紧张。

常见逼单话术如下：

还剩下50件库存，还剩下20件库存，还剩下10件库存……

还有最后3分钟，没有买到的朋友赶紧下单，时间到了我们就下架了。

（2）强调优惠。强调优惠的方式，一般不直接一次性说完，而是通过一层层叠加的福利放送，通过打折、赠品、发放优惠券等方式，让用户相信优惠力度确实很大。

常见逼单话术如下：

不相信的可以去看一下，现在主播手里这款宝贝，在××旗舰店的价格是79元一瓶（通过对比旗舰店价格，设定价格锚点），我们今天晚上买2瓶直接减80元，相当于第1瓶78元，第2瓶不要钱，另外我再送你们雪花喷雾，平时1瓶也要卖39元（超值福利，买到就是赚到）。

（3）强调自用。主播强调自己都在用，用亲身感受告诉用户产品究竟如何。主播点评时应做到尽量客观实际，过于夸大吹嘘反而会导致用户的不信任。

（4）强调产品质保、信用背书。主播通过展示产品质量保证说明，通过政府单位、第三方机构评价的信用作为品牌背书，让用户打消质量方面的疑虑。

（5）概念植入。概念植入的目的是打破消费意识，植入一个新概念，或者打破一个固有概念，告知用户购买这个产品的必要性。

比如，今天卖一件599元的大衣，有人心里会想，为什么要花599元买一个大衣，现在很多大衣都很便宜。那么，主播就可以这样讲："朋友们，599元的大衣和59元的大衣能一样吗？

不一样，大家可以看一下，我们这件大衣用的面料是……（强调品质），而且这个款式是我们设计师独家设计的……"以此让大家对不同价格的产品区别在哪里有了新的概念。

二、直播话术规范

直播运营团队应了解并遵守话术规范要求，否则可能会因为话术违规导致平台处罚。不同的平台规则是有差异的，其中大家熟知的抖音平台规定是比较严格的，如果账号出现了违规的情况，平台会视违规的严重程度和次数给予不同程度的处罚，包括限流、中断直播、封禁一天、封禁三天、封禁七天、永久封禁账号和全网封禁等。接下来列举几种常见的抖音直播话术禁忌。

（一）话术违禁词

以下词汇是抖音直播中一些常见违禁词，这些词汇不论是在口播、背景板、标题还是商品详情页中，均不能出现。

滥用极限用词、夸大对比效果类违禁词，包括：史无前例、永久、无敌、最佳、最好、最大、最高级、最低、最便宜、全网第一、第一品牌、一流、万能等。

滥用权威性和资质性的表达类违禁词，包括：全球级、宇宙级、世界级、顶级工艺、顶级享受、极品、××国家机关推荐、质量免检、特供等。

对商品功效进行绝对化宣传类违禁词，包括：毛衣绝对不起球、终身穿不坏、绝对摔不坏、一周实现美白、药到病除等。

宣传封建迷信类违禁词，包括：增强第六感、逢凶化吉、提升运气等。

医疗类违禁词，包括：减肥、助眠、防癌、止脱等。

淫秽、色情、赌博、不文明脏话、民族或种族歧视等其他违禁词。

（二）暴力演绎售卖

暴力演绎售卖是为获取流量和关注，采用辱骂、殴打、危险动作等元素进行剧情演绎，或不顾生命安全，通过高难度、高风险、高危害行为吸引观众注意力。例如：

通过重摔、怒砸、剪、砍等破坏方式博眼球；

通过贬低、殴打、辱骂、虐待等方式博眼球；

通过黑社会、借贷等情节进行商品带货；

吃有害活物，过量进食，或表现一些医疗性质危险行为，如打针、吃药等。

（三）利益诱导和互动诱导

利益诱导是指直播中高利益诱导，虚假承诺诱导用户购买，但买后不具备兑现条件，包括：包过、一次通过、保值、立马升值、买后退全款返现等。

互动诱导是指将用户参与互动作为获取折扣、福利、低价特权、购买商品等"优惠"的前提条件，相关"互动行为"与"获取优惠"之间实无关联，或不具备履行兑换基础。

常见诱导互动话术如下：

今天直播间点赞破100万，我就给大家送福利。

这种方式就是违规的。点赞破 100 万要求过高，很可能实现不了，即使参与点赞也难以兑现。

10 秒钟内下单的，我送你运费险。

这个也存在问题，如何去精确计算 10 秒钟就是个问题。

平台鼓励创作者通过优质的内容和合理的互动方式提升用户的参与感和信任感，例如"喜欢主播点个关注哦""喜欢产品和主播的，加入粉丝团，下次直播不再错过"之类的话术就是比较客观的。

（四）卖惨营销

卖惨营销就是在直播中假扮可怜，编造一些离奇的情节作为砍价的戏码，夸大商品的价格或功能，博取同情，吸引关注和流量。这些行为是平台上禁止的，根据情节轻重会给予封禁直播权限、扣除店铺保证金、关停商品分享功能、扣除信用分等惩罚。例如，表演夫妻离婚、假装破产亏本甩卖、假扮贫困山区老农、假装瘫痪卧病等情形均属于卖惨营销。

（五）私下交易导流

私下交易导流是指把直播间用户转到自己的私域平台进行交易，在直播中从口播话术、评论区、道具板等角度引导私信、主页加微、联系电话、邮箱地址等，属于违规操作，被平台检测到可能会导致限流。这是因为直播平台更希望在自己的平台上进行交易，且若因引流到其他平台出现了问题难以追究责任。

常见私下交易导流话术如下：

想要这件商品的朋友们，打开我主页 +V、QQ、手机号，想要的朋友们可以去 ××× 平台搜索 ×××，想要的朋友们可以私下 V（微）我。

（六）挂机直播、录播类

挂机直播、录播是指在直播过程中拍摄单一画面且主播全程无交流无互动，或在直播间播放其他录制好的视频内容。例如：

直播中长时间拍摄做饭过程，但全程并没有和粉丝进行互动；

主播长时间脱离直播镜头；

全程播放剪辑后的成品视频（没有版权）。

任务实操

子任务 8.2　直播话术"四点四步"技巧提升

（一）任务要求

1. 运用直播话术"四点四步"技巧拆解修改"直播话术策划"任务作业。
2. 讨论后填写任务表单。
3. 课后根据表 8-6 更新"直播话术策划"任务作业。
4. 完成任务主要岗位：运营岗或策划岗。
5. 衔接任务：子任务 8.1.2。

（二）任务表单（见表 8-9）

表 8-9　直播话术"四点四步"拆解训练表

商品	"四点"话术				"四步"话术			
	卖点	痛点	痒点	爽点	聚人	憋单	放单	逼单
选品 1								
选品 2								
选品 3								
⋮								

（三）任务评价（见表 8-10）

表 8-10　任务评价考核表

目标达成维度	评价标准	分值	教师评分 60%	个人自评 20%	小组互评 20%
知识和能力目标	拆解训练表内容完整丰富	20			
	拆解训练表内容提炼科学准确	30			
	话术生动，具有引流效果	10			
	展示汇报表述清楚、流畅	10			
素养目标	具备较好的团队协作意识	20			
	具有较好的合规意识	10			
	总分	100			
	最终得分				

任务 3　展现直播话术

任务描述

直播是一场语言艺术的展演，需要主播具有良好的口才，通过长期、有效的训练，做到流畅、准确、生动地展现直播话术。这一任务中，我们主要学习如何生动且具有吸引力地展现直播话术，从而增强直播营销力。

> 知识储备

一、语音、语速、语调技巧

在直播中，语音、语速和语调是影响直播话术效果的重要因素之一，以下是一些关于语音、语速和语调的建议。

（一）语音

主播要做到语音清晰、音量适中。在直播中，要确保自己的语音清晰、音量适中，让观众能够听清楚。同时，也要避免过于大声或过于低沉的音量，以免破坏观众的听觉体验。

（二）语速

主播要控制语速，不要过快或过慢，以免让观众感到不适。在直播前要先练习讲话，掌握好自己的语速，以便在直播中表现得更加自信和流畅。

一般播音员的语速在每分钟300字左右，生活中一般人的语速是每分钟250字左右。在进行直播时，主播语速总体上要比平时说话的语速更快一些，以观众能够听清楚为宜。直播时，主播的语调要抑扬顿挫，富于变化，语速要确保用户能够听清楚内容。语速可根据直播内容的不同灵活调整。如果想要促成下单，语速可稍微加快，控制在每分钟400字左右，用激情来感染用户；如果讲专业性的内容，语速可以稍微慢一些，控制在每分钟200字左右，更能体现权威性；讲解到要点、难点时，可以刻意放慢语速或停顿，以提醒用户注意聆听。

（三）语调

主播要注意语调和节奏。在直播中，要注意语气语调的高低变化和节奏的掌控，以吸引观众的注意力。可以通过适当地加强重点、运用停顿等技巧来营造更好的氛围和节奏感。

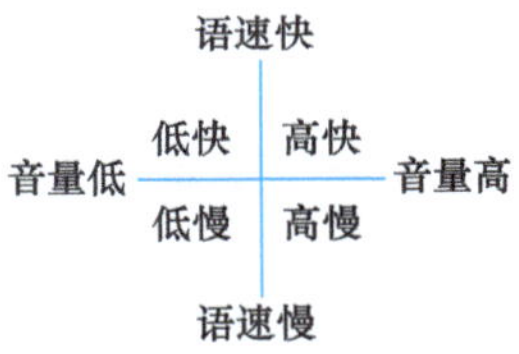

主播声音和语速的搭配技巧如图8-4所示。

图8-4　主播声音和语速的搭配技巧

高快：如果介绍产品卖点或讲故事，可以加快速度，提高音量。

高慢：在讲解优惠活动或突出产品某个特点时，以一个阐述的口吻说明某些信息的时候，可以采取高慢的方式。

低慢：陈述一般事实或者普通聊天的时候，低慢风格即可。

低快：悬疑的气氛营造，制造紧张气氛。

二、眼神技巧

直播的时候可以"三看"，即"看屏幕、看产品、看同伴"，其中大多数时候需要看屏幕。在看屏幕时，主播直接正视自己的脸，最佳的点是屏幕里自己眼睛的位置。把这个位置当作一个坐在你对面的人，盯着看，这样能让眼神更有神采。眼睛不能左瞟西瞟，否则会显得没有底气，要体现出坚定的眼神，同时也不要埋头看脚本，或翻白眼看天花板。

主播平时可用定睛法训练镜头感，训练方法如图8-5所示：眼睛盯着一个目标，在前方2～3米远的明亮处，选一个点，点

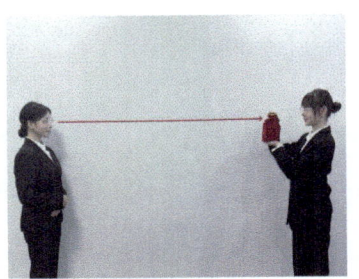

图8-5　主播定睛训练法

的高度与眼睛或眉毛基本相平,最好找一个不太显眼的标记。此时眼睛要自然睁大,但眼轮匝肌不宜收得太紧。双眼正视前方目标上的标记,目光要集中,不然就会散神。注视一定时间后可以双眼微闭休息,再猛然睁开眼,立刻盯住目标,进行反复练习。

三、手势等肢体动作技巧

(一)直播肢体动作"几不要"

直播仪态礼仪

直播时要想做到仪态得体,让用户把关注点放在肢体动作,要力求做到几个"不要":

(1)保持适当的站姿或坐姿,站姿要挺拔(见图8-6),坐姿要端正(见图8-7),不要含胸驼背。

图 8-6 直播标准站姿

图 8-7 直播标准坐姿

(2)肢体幅度晃动不要过小、过大或过于频繁。

(3)不要做不雅小动作,如挠头发、挖鼻孔、扯衣服、撑下巴、吃零食、打哈欠、用手频繁敲桌子等私下的小动作尽量避免。

(4)手势动作要自然不僵硬,不要过多或过于复杂。

(二)直播手势动作技巧

直播时配合适当的手势,手势动作应与话术配合且简洁有力。以下是直播中的常见手势:

(1)开放式手势,表示欢迎,如图8-8所示。
(2)切菜式手势,表示举例,如图8-9所示。
(3)交叉式手势,表示拒绝,如图8-10所示。
(4)削皮式手势,表示拒绝,如图8-11所示。
(5)数字式手势,用于举例、倒计时等,如图8-12所示。

图 8-8 开放式手势

图 8-9 切菜式手势

图 8-10 交叉式手势

项目八 设计与展现直播话术，提升直播营销力

图 8-11 削皮式手势

图 8-12 数字式手势

（三）直播流程常见配合手势

直播流程常见配合手势示例见表 8-11。

表 8-11 直播流程常见配合手势示例

直播流程	具体环节	参考手势	图示
开播	打招呼	双手摆动、面带笑容，面对镜头打招呼	
	引导点赞与关注	手指向上示意关注按钮，手指指向右下角示意点赞按钮；手机对着屏幕向下倾斜 45°，放在摄像头前教粉丝如何关注与点赞	
直播中	介绍商品	讲解单品时可先拿起单品在镜头前展示讲解，理解单品卖点后再转化成自己的语言并加上手势生动地讲解；讲解优惠价格时，可以拿出计算器打出原价与折算后的优惠价向镜头展示；若展示单品颜色怕有反光出现色差，可用手作为背景衬托	
	抽奖或发红包	手指向上示意关注按钮，引导粉丝参与抽奖；讲完抽奖口令后，可以拿出手机一边说一边用另一只手示意口令可以刷起来了；准备倒计时，展示数字手势变化	

（续）

直播流程	具体环节	参考手势	图示
直播结束	预告、告别	预告下次开播时间，用手势比画示意；下播与粉丝告别双手摆动同时面带笑容，自然地面对镜头再见	

四、表情管理

直播时面部应保持微笑，增加亲和力。人在无意识的状态下，容易出现一些不好的表情，特别是面对直播镜头时，新人主播们要培养自己的意识，避免出现冷漠、凶狠的表情。对于一些新手主播，可能会出现紧张忘词的情况，这时虽然有可参考的话术脚本，但同时也要配合情绪、情感，面部表情要丰富，可适时增加一些夸张性的表演，让屏幕前的观众能感受到你的激情和热情，调动直播间氛围。但注意，过于夸张的表情不宜太多，以免引起观众反感。

主播的表情管理对于直播效果和观众体验都非常重要，以下是一些帮助主播管理表情的建议：

（1）保持自然微笑。微笑可以让人看起来更加友善和吸引人。要保持自然微笑，可以试着练习唇角上扬的技巧，同时注意不要笑得太过夸张或过于频繁。

（2）保持适当眼神交流。眼神交流可以传递出自信、真诚和友善等信息，但也要避免过度凝视或侵犯对方隐私。在直播中，可以适时地将视线移开，避免让观众感到不适。

（3）根据直播内容调整表情。直播内容不同，主播的表情也应有所调整。例如：在讲述悲伤或严肃的话题时，要保持适当的庄重和严肃；在讲述开心或幽默的内容时，可以适时地展现欢快或欣喜的表情。

影响购买者决策的核心是主播的语言表达，也就是直播话术。优秀的直播话术展现虽然说是商业活动，但更像是一场语言的风采展。从入门到熟悉，从胆怯到自信，体现了主播的成长进阶。对话术的反复打磨，对镜头表现力的不断琢磨反思，都体现了高度的匠心精神。

任务实操

子任务 8.3　直播话术展现训练

（一）任务要求

1. 主播、副播反复记忆熟悉直播话术。
2. 任意节选部分话术，由主播和副播相互配合，展示一段话术，可用手机录制或面对团队其他成员展示。
3. 展示时需要关注语音、语速、语调、眼神、肢体动作、表情的运用和相互配合。
4. 观看话术展示，讨论存在的问题和改进建议，填写任务表单。
5. 主要负责岗位：主播岗和副播岗。
6. 衔接任务：子任务 8.2。

（二）任务表单（见表 8-12）

表 8-12　直播话术评价意见表

表现维度		优点	缺点	改进建议
话术流畅度				
话术准确度				
话术生动性	语音、语速、语调			
	眼神			
	肢体动作			
	表情			
	主播、副播配合度			

（三）任务评价（见表 8-13）

表 8-13　任务评价考核表

目标达成维度	评价标准		分值	教师评分 60%	个人自评 20%	小组互评 20%
知识和能力目标	直播话术流畅度		10			
	直播话术准确度		10			
	直播话术生动性	语音、语速、语调	10			
		眼神	10			
		肢体动作	10			
		表情	10			
	主播、副播配合度		10			
素养目标	具有较好的团队协作意识		10			
	具有较好的合规意识		20			
总分			100			
最终得分						

知识拓展

1. 什么是直播违禁词的检测和过滤？

随着互联网信息的快速发展，各种直播平台的兴起让人们可以在不同的时间和地点享受到丰富多彩的视频内容。但是由于直播涉及的主题和话题非常广泛，其中一些内容可能会违反政策法规或社会公德，给观众和社会带来不良影响。因此，在直播中对违禁词的管理变得非常重要。为了实现高效的直播管理，自动识别直播违禁词的算法被广泛应用。

2. 直播违禁词自动识别的原理是什么？

直播违禁词的自动识别基于自然语言处理和机器学习技术。首先，在建立识别模型之前，需要收集并整理违禁词库，并进行分类和权重分配。其次，需要对直播过程中的图像和声音进行处理和提取特征。最后，将这些特征输入模型中进行预测。通过多次调试和训练，识别模型及相关算法能够逐步提高准确性和适应性。

目前市场上提供了不少直播违禁词的检测工具，适用于多个直播平台，例如句易网、词爪网、轻抖 App，有的是免费的，有的是付费的。在运营团队直播前将话术导入工具，就可以轻松检测到违禁词。

习题训练

一、单选题

1. 满足用户的即时满足性,这是直播话术中的(　　)。
   A. 卖点　　　　B. 痛点　　　　C. 痒点　　　　D. 爽点
2. 运用FABE法则介绍产品时,以下话术是在突出(　　):××口服液上市20多年了,产品品质有口皆碑,产品营养成分在外包装上皆有标注,一目了然。
   A. 属性　　　　B. 利益　　　　C. 证据　　　　D. 作用
3. 直播时示范展示的操作要点中,可以通过(　　)做到演示生动化。
   A. 演示有创意　　　　　　　　B. 演示效果明显、直观
   C. 演示有趣味性和戏剧性　　　D. 以上均正确
4. "我们这款螺蛳粉特别受欢迎,销量特别高"和"我们这款螺蛳粉特别受欢迎,月销量25000份",这两种产品介绍的表述方式,显然第二种更好,它主要运用了(　　)介绍方法。
   A. 强调"稀缺性"　　　　　　B. 形象化的统计数据
   C. 体现权威性　　　　　　　　D. "诉诸情感"的说服
5. 以下关于直播策略的调整,不正确的说法是(　　)。
   A. 流量决定　　　　　　　　　B. 主要看实时数据变化
   C. 节奏的把控主要在于主播　　D. 脚本一旦写好相对固定不变

二、判断题

1. 在直播中,为了激发粉丝的感性需求,经常会运用一些场景化的呈现。(　　)
2. 主播在进行产品演示时可以随意自由发挥,操作流程不一定要非常规范。(　　)
3. "如果有脱发的烦恼,使用了这款产品就可以让头发生长更牢固,缓解脱发烦恼。"这一话术抓住了直播话术中的痒点分析。(　　)
4. 直播时,消费者认为可有可无、用处不大或根本不关心的产品特点也要尽量去展示表现出来。(　　)
5. 用户一旦进入直播间,需要做好详细的产品介绍,不必刻意去留住用户。(　　)

三、案例分析题

直播翻车:主播言论不当,商品价格惹争议

某网红主播在直播带货一款××品牌眉笔时,面对网友质疑"××品牌的眉笔越来越贵了",该主播迅速给出了回应,力挺××品牌:"不要乱说,眉笔一直79元,国货很难的。有时候找找自己原因,这么多年工资涨没涨,有没有认真工作。"

该主播的这番言论一出,立即引发了网友的热议。2023年9月11日凌晨,针对"在直播间怼网友"一事,该主播在其微博账号发文致歉。

这次该主播怼怼消费者,引起众多网友不满。在该主播的微博评论区,网友们纷纷吐槽,有网友表示:"你挣着普通人的钱,到头来却嘲讽普通人!"

思考:结合本任务所学,谈谈该主播的问题出在哪里。为了避免类似问题的发生,主播们应做好哪些准备?

Project 9

项目九

搭建直播场景,赋能直播观感

学习目标

知识目标

◎ 了解直播常用的设施设备
◎ 了解直播场景布置的要求和物资的选择
◎ 理解直播场景美化原理和技巧

能力目标

◎ 能够列举一场直播所需设施设备
◎ 能够置备物资,布置直播场景,呈现效果好
◎ 能策划和美化直播场景

素质目标

◎ 提升审美情趣
◎ 培养团队协作意识
◎ 培养知行合一的学习态度

赛证对接

国家职业技能标准——互联网营销师

版本：2021 年版
制定方：中华人民共和国人力资源和社会保障部、中央网络安全和信息化委员会办公室、国家广播电视总局
职业技能等级：中级

职业功能	技能要求	相关技能要求
6. 技术支持与互动管理	6.1 技术支持	6.1.1 能根据直播计划整理设备清单 6.1.2 能排除现场设备故障 6.1.3 能在直播界面配置功能 6.1.4 能将企业提供的产品素材上传至直播间

任务 1　选择直播设施设备

任务描述

在这一任务中，我们要搭建直播场景，首先就涉及直播设施设备的选择。选择合适的直播设施设备，确保直播输出效果，是做好一场直播活动的重要保障。

知识储备

一、常用直播设施设备

1. 视频摄像头

为提升主播形象气质，增强用户视觉效果，直播时可以选用高清摄像头。有些类别的主播还可以选择内置网络编码功能的专业摄影设备，可以省去编码器的烦琐设置，直接实现从标清到全高清的直播信号输出。

直播设施设备

直播视频摄像头的主要参数包括以下几方面：

（1）分辨率。常见的分辨率有 480p、720p、1080p、4k 等。分辨率越高，画面越清晰。

（2）帧率。常见的帧率有 30p、60p 等。帧率越高，画面播放越流畅。

（3）广角。常见的广角有 60°、80°、90° 等。广角越大，画面包含的内容范围越大。

（4）内置麦克风。有些摄像头内置麦克风，支持智能降噪和长距离拾音。

（5）其他参数。有些摄像头还支持 HDR（高动态范围成像）、光学防抖、自动对焦等功能，可以提高直播质量。

在选择直播视频摄像头时，需要根据直播需求和场景来选择合适的摄像头。

直播超高清摄像头如图 9-1 所示，广角超高清摄像头如图 9-2 所示。

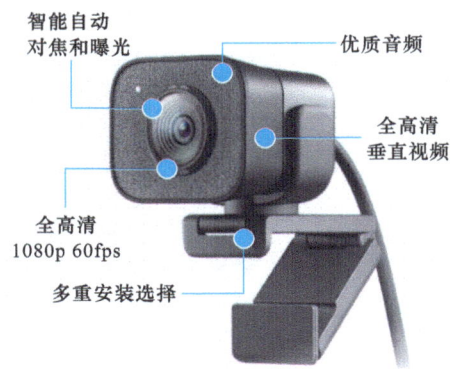

图 9-1　直播超高清摄像头

图 9-2　广角超高清摄像头

2. 耳机

对于唱歌主播和游戏主播来说，耳机是直播必不可缺的设备。游戏主播建议选购不易受外界干扰、传输效果好的头戴式耳机，立体音效能带来更好的画面沉浸感。唱歌主播可以选购监听耳机，自带混响效果，音乐氛围更浓厚。直播耳机通常需要具备以下要求：

（1）舒适性。直播需要长时间佩戴耳机，因此舒适性至关重要。

（2）隔音效果。直播时需要一个安静的环境，因此耳机需要有较好的隔音效果。

（3）易于使用。直播需要快速调整音量、音乐等，因此耳机需要易于使用。

（4）稳定性。直播需要保证耳机的稳定性，以免出现声音断断续续等问题。

不同耳机适合不同的使用场景：适合直播和音乐欣赏的手机一般呈现中性、自然的音质风格；适合直播和游戏的耳机，需要具有高质量、高耐久忹和高性价比；专业录音室和电视台常用耳机对低、中、高音频质量要求较高；适合直播和唱歌的耳机讲究整体细节和外观，且突出人声。

3. 话筒

（1）动圈话筒。动圈话筒（见图 9-3）声音清晰，能将高音真实还原，具有以下特点：

1）专业广播级。动圈话筒具有专业广播级的技术标准，能够提供高质量的音频信号。

2）拾音模式。动圈话筒具有多种拾音模式，可以满足不同场景的录音需求。

图 9-3　动圈话筒

3）人声定制。动圈话筒的频率响应曲线专为人声定制，能够更好地捕捉和还原人声。

4）环境噪声抑制。动圈话筒具有出色的环境噪声抑制能力，能够有效地降低背景噪声。

5）防扑罩设计。动圈话筒内置防扑罩，能够有效减少爆破音和过载，保证音频信号的稳定性和清晰度。

6）高输出动圈极头。动圈话筒采用高输出动圈极头，能够提供更高的音频输出，适合远距离传输和大型演出。

7）平衡式低阻抗输出。动圈话筒采用平衡式低阻抗输出，能够降低信号损失，提高传输稳定性。

但是，动圈话筒具有灵敏度相对较低、高频响应不足、体积较大、价格较高等缺点。

综上所述，动圈话筒具有专业广播级的技术标准和多种拾音模式，能够提供高质量的音频信号，并且具有出色的环境噪声抑制能力和防扑罩设计，能够有效减少爆破音和过载，保证音频信号的稳定性和清晰度。但是，动圈话筒容易"喷麦"，需要加上防喷罩。如果要直播展示唱歌才艺，则应配电容话筒。

（2）电容话筒。电容话筒是一种用于声音采集的设备（见图9-4），它通常比动圈话筒更灵敏，能够捕捉到更多的声音细节和动态范围。以下是电容话筒的优点：

1）高灵敏度。电容话筒的灵敏度比动圈话筒高，因此它们能够拾取更微弱的信号，使声音更加清晰和自然。

图9-4 电容话筒

2）宽频响应。电容话筒的频响范围比动圈话筒更宽，能够捕捉到更多的声音细节和层次，使声音更加真实和生动。

3）体积较小。电容话筒的体积通常比动圈话筒小，更方便携带和使用。

4）价格较低。与相同等级的动圈话筒相比，电容话筒的价格通常更低。

需要注意的是，电容话筒存在一些缺点。例如，电容话筒容易受到环境噪声和电磁干扰的影响，因此在使用时需要注意避开干扰源。此外，电容话筒也需要供电才能工作，需要注意电源的稳定性和电源线的连接。

总之，选择哪种类型的话筒取决于具体的应用场景和需求。在选择话筒时，需要根据自己的需求和预算进行综合考虑。

4. 声卡

声卡是直播时使用的专业收音放音设备，主播在直播过程中可以使用专业声卡改变声音烘托氛围，实现支持伴奏、特效声、音质加强等功能。建议选购带有VST（虚拟工作室技术）机架软效果器的声卡，可以实现很多直播效果，比如魔音、闪避、电音等。一台声卡可以连话筒、伴奏用手机或电脑、直播用手机和耳机。

以下是声卡的优点：

1）提供高品质的声音。声卡能够提供高品质的声音输入，能够捕捉到更多的声音细节和动态范围，从而提高直播的质量和听感。

2）兼容多种设备。声卡通常具有多种输入和输出接口，能够兼容多种麦克风、耳机和其他音频设备，方便用户根据需要进行选择和连接。

3）提供便捷的直播功能。声卡内置了多种直播功能，例如混音、音效、音量调节等，能够方便用户进行直播操作和处理。

4）提高工作效率。使用声卡能够实现声音的实时处理和录制，提高直播的工作效率和效果。

需要注意的是，虽然声卡有很多优点，但是选择哪种类型还需要根据具体的需求和预算进行综合考虑。此外，在选择直播声卡时，需要注意品牌和质量，并了解其功能和操作方法。

5. 灯光设备

灯光设备对于直播的效果和质量有着重要的影响。以下是一些直播间灯光布置（见图9-5）的建议：

（1）灯光位置。直播间的灯光应该布置在合适的位置，以照亮整个场景，同时避免阴影和亮斑。一般来说，可以选择放置灯光的位置，例如正面、侧面和角落等。

（2）灯光数量。直播间的灯光数量应该根据场景和效果要求进行选择。一般来说，多个灯光可以更好地控制光线，同时可以更好地调节阴影和亮斑。

（3）灯光亮度。直播间的灯光亮度应该根据具体情况进行选择。一般来说，可以根据不同的场景和效果要求进行调节，例如近距离拍摄需要提高亮度。

（4）灯光颜色。直播间的灯光颜色应该与场景和主题相符。一般来说，可以选择与主题相符的颜色，例如蓝色、黄色等。

（5）灯光调节。直播间的灯光应该支持亮度、色温和角度的调节。这样可以更好地适应不同的场景和效果要求，提高直播的质量和效果。

图 9-5　直播间灯光布置

直播间灯光设备需要根据具体场景和效果要求进行选择和布置，同时需要注意灯光设备的品质和性能，以提高直播的质量和效果。

6. 电脑、手机、一体机

一般带货主播最主要的直播设备是手机，由于直播时既要保证直播画面的清晰度，也要保证评论的流畅度，这就对手机前置摄像头和内存配置有较高的要求。因此，一个有品质的主播都会选择中高端配置的手机来进行直播。

直播中需要监测各项实时数据，以便随时调整主播话术和直播活动，因此电脑的置备是非常必要的。尤其是对于电脑游戏主播直播来讲，选对合适的游戏电脑就尤为重要。建议选择 i5 以上的处理器，避免在直播过程出现经常卡停的情况；如果是游戏直播，则要求 i7 处理器以及 4G 以上独立显卡，使得游戏更顺畅，直播效果更好。

7. 支架

支架的作用主要是解放双手，增加摄像头、手机、话筒等的稳定性。根据不同的款式和用途，支架有不同的选择。以下是一些推荐：

（1）A 款支架（见图 9-6）。这款支架可以折叠，可以多角度调节，适用于各种手机和平板电脑。采用限位齿轮设计，每个角度都能非常稳固，不用担心滑动问题。底部和凹槽都有防滑垫，能有效防止手机和支架滑动。

（2）B 款支架（见图 9-7）。这款支架采用卡扣式固定，吸盘式锁紧，实心软管，任意调节角度，旋转滚珠 360°无死角自由旋转，可兼容手机和平板电脑。

（3）C 款支架（见图 9-8）。这款支架采用三角形支撑底座，使用范围较广，高度可达 1 米以上，合金转轴，三向可调，悬臂可 270°调节，配三款拉夹，可兼容手机和平板电脑。

（4）D 款支架（见图 9-9）。这款支架可以适用于 4～12.9 寸的智能设备，采用万向调节弹簧结构，稳固底座，支持多角度调节。

图 9-6　A 款支架

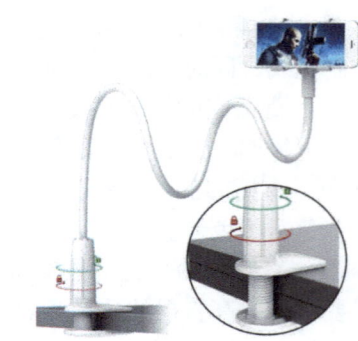
图 9-7　B 款支架

图 9-8　C 款支架

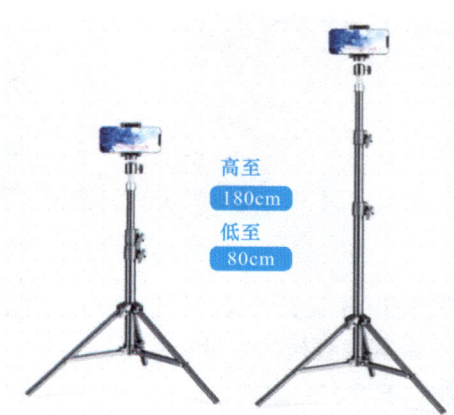
图 9-9　D 款支架

8. 网络

如果条件允许，尽量使用有线网络，因为其稳定性和抗干扰性要高于无线网络。直播时需要保证充足的带宽，一般建议在 30Mbps 以上。一场直播卡不卡，30% 是由带宽决定的，50% 是由网络环境所决定的，10% 是由直播平台及高清程度决定的，剩余 10% 是由手机、电脑配置等其他因素决定的。

二、室外专用直播设备

1. 摄影设备

摄影设备用于拍摄直播画面，为提升画面质感，根据不同直播主题可以选择专业的摄像机、高清像素的手机以及运动相机。

运动相机是一种用于拍摄运动场景的相机，通常具有防水、抗震、耐冲击等特性，以及高帧率、慢动作等特殊功能。运动相机通常采用小巧轻便的设计，方便携带，一般固定在头盔、自行车、潜水等运动设备上进行拍摄（见图 9-10）。以下是运动相机的特点：

（1）小巧轻便。运动相机设计小巧，重量轻，方便携带，一般固定在各种设备上进行拍摄。

图 9-10　运动相机

（2）高画质。运动相机通常采用高分辨率的传感器，能够拍摄清晰、细腻的图片和视频。

（3）防水防震。运动相机通常具有防水、抗震、耐冲击等特性，能够在恶劣的环境下进行拍摄。

（4）特殊功能。运动相机通常具有高帧率、慢动作等特殊功能，能够拍摄出更加细腻、流畅的画面。

（5）易于操作。运动相机的操作通常简单易懂，用户可以通过简单的操作来控制拍摄。

在选择运动相机时，需要考虑相机的画质、防水、抗震等特性，以及特殊功能、操作便利性等因素，同时还需要根据具体的拍摄需求来选择不同的型号和规格。

2. 收音设备

户外直播收音设备（见图9-11）用于采集声音，可以选择无线麦克风或者定向麦克风等便携式收音设备。无线麦克风是一种通过无线传输技术将声音信号传输到接收设备的麦克风。它通常由一个或多个发射器和接收器组成，发射器将声音信号通过无线电波发送到接收器，接收器再将信号转换为声音。无线麦克风具有以下特点：

图9-11 户外直播收音设备

（1）无线传输。无线麦克风不需要线缆连接，可以自由移动，方便使用。

（2）多个频道。多个无线麦克风可以在同一时间使用，不会产生干扰。

（3）轻便易携。无线麦克风通常小巧轻便，方便携带和使用。

（4）稳定信号。无线麦克风采用专业的无线电传输技术，信号稳定可靠。

（5）噪声处理。无线麦克风通常具有降噪功能，可以有效减少环境噪声的干扰。

（6）易于充电。无线麦克风通常采用可充电电池，充电方便，使用时间较长。

3. 无线上网流量卡

无线上网流量卡是一种可以在移动设备上使用的SIM卡（用户识别卡），它提供了一种便捷的方式来连接无线网络。这种卡通常需要配合路由器或移动热点使用，可以提供移动设备上的互联网连接。

无线上网流量卡有不同的类型和套餐，可以根据不同的需求来选择。例如，有些卡可以在多个国家或地区使用，而有些卡则具有更快的网络速度或更高的数据上限。在选择无线上网流量卡时，需要考虑以下因素：

（1）覆盖范围。选择一个覆盖范围广泛的运营商，以确保在需要时能够保持网络连接。

（2）网络速度。考虑使用网络速度较快的无线上网流量卡，这样可以更好地支持视频通话和下载大文件等高带宽应用。

（3）数据用量。根据自己的使用习惯和需求，选择适合的数据套餐，避免浪费或超出流量限制。

（4）价格。比较不同产品和套餐的价格，选择性价比最高的无线上网流量卡。

4. 云台

云台是安装、固定摄像机的支撑设备（见图9-12），确保户外

图9-12 户外直播用手持云台

直播动态拍摄效果稳定，防止画面抖动，分为固定和电动云台两种。固定云台适用于监视范围不大的情况，在固定云台上安装好摄像机后可调整摄像机的水平和俯仰的角度，达到最好的工作姿态后锁定调整机关即可。电动云台适用于对大范围进行扫描监视，它可以扩大摄像机的监视范围。

5. 自拍杆

自拍杆是一种用于自拍的装置（见图9-13）。它可以通过伸缩杆和安装手机或相机的支架实现多角度的自拍，可以让使用者更加方便地拍摄自己或周围环境的照片。使用自拍杆可以防止"大头"画面，还可以多角度自由翻转。自拍杆适用于旅游直播、实景直播等直播间。需要注意的是，使用自拍杆时应该遵守相关法律法规和安全规定，不要在禁止使用自拍杆的场所使用，以免造成不必要的麻烦。

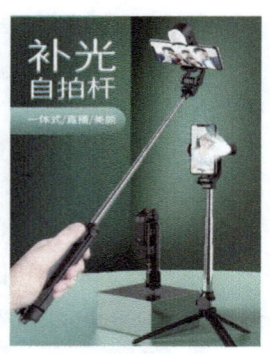

图 9-13　自拍杆

6. 移动电源

移动电源（见图9-14）用于保证设备的持续供电，可以选择充电宝等设备，防止室外无法接通电源导致直播无法继续。

图 9-14　移动电源

任务实操

子任务 9.1　选择直播设施设备

（一）任务要求

1. 题目背景：假如团队需要搭建一个小型室内直播间，需要用到哪些设施设备？组织网络调研，列出所需设施设备清单。
2. 填写任务表单。
3. 完成任务主要岗位：运营岗或技术岗。
4. 衔接任务：项目五、项目六中所涉及的子任务。

（二）任务表单（见表9-1）

表 9-1　直播间所需设施设备清单

序号	设备名称	所需设备数量	设备参数	价格

（三）任务评价（见表 9-2）

表 9-2　任务评价考核表

目标达成维度	评价标准	分值	教师评分 60%	个人自评 20%	小组互评 20%
知识和能力目标	设施设备清单内容能够满足直播间常用功能	20			
	设施设备清单内容客观真实	20			
	设施设备符合"小型"直播间特点	20			
	展示汇报表述清楚、流畅	20			
素养目标	具备较好的团队协作意识	20			
	总分	100			
	最终得分				

任务 2　布置直播场地

任务描述

直播间的搭建除了选择合适的设施设备，还要考虑很多细节。例如，直播场地的选择，直播场地的硬装和软装布置，以及直播灯光的布置。下面我们将针对直播场地布置这一任务进行训练。

知识储备

一、直播场地基本要求

（一）室内直播场地基本要求

1. 隔音效果

直播前需要测试场地的隔音和回音情况，确保直播过程不会被外界噪声干扰，也不会产生回声。如果场地隔音不好或回声太重，可以使用隔音板或者加装隔音棉来改善。

2. 室内光线

室内光线要好，最好有自然光。这样一旦出现停电等意外情况，自然光可以在一定程度上补救。

3. 室内空间

室内空间要充足，确保能够完整展示商品，要为副播、助理等人员预留出工作空间。

4. 直播背景画面

直播背景画面最好能够应景调整。

（二）室外直播场地基本要求

1. 场地工作方便性

选择一个方便工作的场地，需要考虑直播需求、观众数量、环境等多个因素。例如，如果直播需要长时间进行，需要考虑场地是否有足够的阴凉和设施，如桌椅、伞、空调等。

2. 环境噪声

室外直播容易受到环境噪声的干扰，例如交通、人群等噪声。在选择场地时需要考虑这些因素，尽可能地避免噪声干扰。

3. 网络连接

室外直播需要稳定的网络连接支持，以确保直播的流畅性和稳定性。如果场地没有稳定的网络信号，可以考虑使用无线网卡或者移动通信网络等方式进行连接。

4. 电源供应

室外直播需要考虑电源供应问题，特别是对于需要使用大量设备的直播，可以考虑使用发电机或者移动电源等方式进行供电。

5. 天气条件

室外直播需要考虑天气条件，特别是对于需要长时间进行直播的情况。需要考虑气温、降雨、风力等因素，并做好相应的准备。

（三）直播场地大小的选择

室内直播间场地面积一般控制在 8～20 平方米。如果是美妆直播，8 平方米即可；如果是穿搭类直播，需要换衣服和展示的空间，面积要更大一些，一般在 15 平方米左右。个人直播的场地标准为 8～15 平方米，人数较多的团队直播场地可以扩大至 20～40 平方米。

二、直播间空间规划

直播间的空间大致可分为三个区域，分别是直播区、陈列区以及其他活动区。

1. 直播区

直播区是指主播进行直播时出现在用户手机屏幕里的区域，通常离镜头较近，且在画面的中间位置。直播区要注意的是"过满则亏"，不要把空间塞得太满，适当留白，不要让用户感到压抑。

2. 陈列区

陈列区是指商品货物、珠宝配饰以及盆栽玩偶等物品摆放的区域。有的直播间场地较大，为了使直播间看上去不显得过于空旷，可以摆放一些小物品进行装饰点缀，丰富直播间，如图 9-15 所示。

图 9-15　陈列区

3. 其他活动区

其他活动区是镜头以外的区域，虽然不会被拍摄进去，但是团队在进行空间规划时也需要进行考虑。这一区域连接的电源线路要规划好，要与工作人员走动和休息的地方有一个明显的划分，避免商品或设备被撞到；放置的商品要摆放整齐，不能太过凌乱，否则主播在进行商品的直播展示时，助理等工作人员不能及时找到并拿给主播。

三、直播间背景布置主要硬软装

（一）背景墙

背景墙是直播间中的重要元素之一，它为观众呈现了一个良好的视觉体验，同时也可以为直播间增添风格和个性。以下是背景墙的基本要求和推荐：

1. 色彩搭配

选择适当的颜色很重要。背景墙的颜色可以影响整个直播间的氛围和观众的情绪，因此需要选择能够激发观众兴趣、舒适、和谐的色彩搭配。比如，蓝色给人以平静、放松的感觉，而红色则充满活力和热情，但饱和度不宜过高，或面积不宜过大，否则会造成视觉疲劳。如果直播背景是一面墙或者是窗帘、壁纸等，则尽量选择纯色和浅色，视觉效果会更宽阔。由于灰色是摄像头最适合的颜色，因此直播间纯色背景以灰色系偏多，不会曝光，视觉舒适，可以和任何色彩搭配。尽量不要使用白色的背景，白色容易反光，不利于突出主播和产品。

2. 背景布置

背景布置应符合以下几个原则：

（1）背景墙的布置要尽量简洁。避免过于复杂的图案和过多的装饰，不放杂物和混乱的线条，以免分散观众的注意力。

（2）专业品质。背景墙需要具有高品质的图像和视频效果。建议使用专业的背景布、投影仪或 LED 屏幕来保证画面的清晰度和色彩饱和度。

（3）与主题相符。背景墙应该与直播的主题和品牌形象相符合。如果是商业直播，背景墙应该与公司的标志和口号相协调，以增强品牌形象。

（4）创造个性化元素。背景墙也可以包含个性化的元素，例如主播的标志、口号或特别的装饰，以增加直播的独特性和识别度。

（二）陈列货架

陈列货架是直播中展示商品的重要道具之一。陈列货架的设计需要充分考虑直播的主题、商品特点和直播间的空间，创造出一个整洁、有序、吸引人的展示环境，增强观众的购买欲望和商品的销售量，为观众带来更好的视觉观看效果。以下是设计陈列货架的建议：

1. 尺寸和形状

根据要展示的商品和直播间的空间大小，选择合适的货架尺寸和形状。例如：如果展示的是小型商品，可以选择多层货架；如果展示的是大型商品，则需要选择更高、更大的货架。

2. 颜色和风格

货架的颜色和风格应该与直播背景和品牌形象相协调。如果背景是现代化的，货架也应该采用现代风格；如果背景是自然的，货架可以采用木质材料等自然风格。

3. 货架上的布置

货架上的布置应该清晰、简洁、有逻辑性。建议按照不同的分类或品牌将商品分别放置在不同的区域，并且要保持整洁和有序（见图 9-16）。

图 9-16 货架上的布置

4. 明晰的标签

货架上的商品应该配有清晰、简洁的标签，让观众能够快速地了解商品的信息。

（三）装饰点缀

如果直播间面积较大，为避免场地空旷，可以适当摆放一些小物品用于装饰，例如绿植、玩偶、摆件、画框等。如果直播主题是关于节假日的，则可以适当地布置一些和节日气息相关的物品，烘托节日的氛围，吸引观众的注意。文旅类直播间装饰点缀如图 9-17 所示。

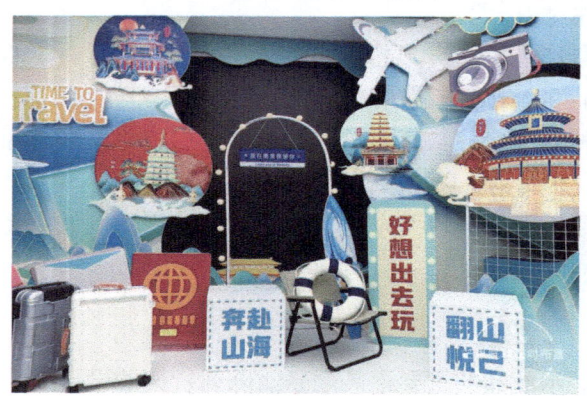

图 9-17 文旅类直播间装饰点缀

（四）地面布置

直播内容如果需要主播站立进行展示和阐述，如穿搭直播、健身直播等，地面应布置浅色系地毯、木地板，或者北欧风、绒布地毯，这样可以增加直播间的高级感，提升整个氛围格调。

（五）桌椅布置

直播桌椅要大，用于主播试用、调试、摆放备用商品。样品摆放要醒目、整齐、突出主题。桌椅主要考虑主播长时间直播的舒适度，最好是低靠背座椅。

（六）辅助道具

直播过程中，可使用各种道具营造氛围：
（1）用商品实物样品作为道具。

（2）黑板、白板、荧光板等道具板，能够展现文字、图片信息。

（3）手机、平板电脑、电子大屏等。

（4）计算器、秒表等。

四、直播间背景布置类型

（一）实体店背景

如果是线下实体商家转线上直播，可以利用场地优势，用实体店作为直播间的背景，这样的背景相较于货架式背景会让用户觉得更真实，更具有说服力（见图9-18、图9-19）。

图9-18　商超实体店直播

图9-19　服装类实体店直播

（二）自定义背景

自定义的背景其实是绿幕，是现在较为流行的一种直播布局。通过摄像头、电脑后台抠像完成，背景可以通过设置视频或图片素材辅助转化。比如，在背景中设置促销信息和产品信息，通过提前准备的素材来辅助主播讲解，展现商品卖点（见图9-20、图9-21）。

图9-20　助农直播间自定义背景

图9-21　自定义虚拟直播场景

（三）户外背景

进行户外直播时可以选择与产品相关的背景。例如，直播销售苹果时选择背景为户外的苹果树下，观众可以零距离、更直观地看到产品的原产地环境，吸引用户眼球，创造出一种自然、真实、有趣的直播氛围，增强观众的参与感和购买欲望，提升下单转化率。

树德润心

2023年5月20日，某农产品直播电商平台在太原古县城举办山西专场，数据显示，山西专场短视频相关播放量突破3亿次。其中，20日直播间单日观看量超2400万人次，100多种山西特产几乎全部售罄，全场销售额突破7500万元，订单数超过130万单。

两位主播从昙曜广场开播，穿过礼佛大道、灵岩寺，在石窟群与观众一道欣赏精美的雕刻技艺，溯源开凿历史，讨论艺术风格，感受多元文化的交流融合。最后，直播团队到云冈石窟清思亭，开启直播带货。黄花饼、黄花酱、黄花脆、阳高杏脯、牧同牛奶等大同特色产品，在他们的精彩推荐下一度出现了热销与爆单。选择古朴应景的天然背景，将主播话术融情于山水间，展现了运营团队深厚的文化积淀，让全国网友沉浸体验了传统文化之美。

五、直播间灯光布置

（一）直播间灯光分类

直播间灯光分为主光、辅助光、轮廓光、顶光和背景光。

1. 主光

主光是主导光源，决定了画面的主基调，是照射主播外貌和形态的主要光线，能够让主播脸部均匀受光（见图9-22）。主光应正对着主播面部，与视频摄像头上的镜头光轴形成0～15°夹角。但是由于主光是正面光源，会使主播脸上没有阴影，缺乏立体感。主光补光灯一般不放正前方，避免光线太强造成刺眼。10平方米的房间选用功率为60～80W的灯为宜。

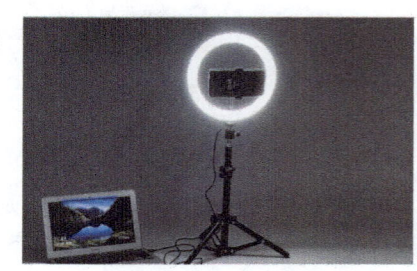

图9-22　主光（美颜补光灯）

2. 辅助光

辅助光是从主播侧面45°照射过来的光线，能够增加轮廓线条的立体感。辅助光要放在距离主播较远的位置，除了照到主播的脸，还能照亮周边大环境。但要注意摆放位置和亮度，防止面部过度曝光或部分区域太暗。

不同类型的直播间可选择不同配置的主辅灯光组合。

（1）大型服装直播布光方案：

1）50厘米柔光球（见图9-23）2个。

2）50厘米×70厘米柔光箱（见图9-24）1个。

适合类目：连锁服装门店、鞋包店、工作室等卖场直播；淘宝、抖音等平台直播带货。

图9-23　柔光球

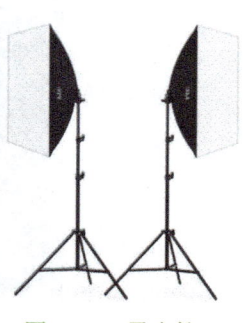

图9-24　柔光箱

（2）美妆类直播布光方案：

1）50 厘米柔光球 2 个或 50 厘米×70 厘米柔光箱 1 个。

2）18 寸环形补光灯 1 个。

适合类目：美妆类直播、美妆视频拍摄。

（3）抖音直播间布光方案：

50 厘米柔光球 2 个。

适合类目：美食直播、广告、短视频、vlog 拍摄等。

（4）电商产品拍摄布光方案：

1）50 厘米×70 厘米柔光箱 2 个。

2）50 厘米柔光球 2 个。

适合类目：电商产品场景拍摄、电商视频拍摄。

3. 轮廓光

轮廓光又称为逆光，是从主播身后位置照射的光源，能够清晰地勾勒出主播的轮廓，形象更加突出（见图 9-25）。需要注意的是，轮廓光不宜过亮。

图 9-25 直播间轮廓光

4. 顶光

顶光是从主播头顶位置照射的光源，可以增加背景和地面的亮度。顶光灯的布置要确保留下足够的空间，避免因位置过低而导致顶光灯入镜，影响画面的美观度。

5. 背景光

背景光主要是对直播周围环境进行照明，作用是烘托主体或者渲染气氛。背景光不宜过亮，一般选择低亮度、多光源布光。

（二）常用的直播间布光法

1. 三灯布光法

三灯布光法是较为常用的方法（见图 9-26），适合空间较小的场景。三灯布光法具有变化多、变化快、灵活易掌握的特点。布光时将一台环形补光灯作为主播的主要光源放在正前方 15°，光线充足而均匀，并且还有美白、磨皮的效果。另外两台柔光灯分别放在主播两侧稍远位置，打亮其身体周围。环形补光灯自带柔光罩，光线柔和，不会让主播感觉刺眼，并且能够让画面更加有质感，更有吸引力。三灯布光法适合美妆、珠宝、服装等直播场景。

图 9-26 常见的三灯布光法

2. 伦勃朗布光法

伦勃朗布光法是采用斜上补光的方式，主要可以增加主播轮廓的立体度。从主播头顶左侧或右侧 45°的方向打下来的光线，可以突出鼻子的立体感和脸部骨骼结构。伦勃朗是荷兰的著名画家，伦勃朗布光法是一种专门用于拍摄人像的摄影技术。依靠强烈的侧光照明使被摄像者脸部任意一侧呈现出三角形的阴影，使脸部两侧看上去各有不同。

3. 蝴蝶光布光法

蝴蝶光布光法是在主播头顶偏前的位置布置光源，这种布光方法会让主播的颧骨、嘴角和鼻子等部位的阴影拉长，从而拉长脸部轮廓达到瘦脸的效果。但此方法不适用于脸型较长的主播。

（三）直播间灯光的冷暖布局

直播间灯光的冷暖布局有冷暖光两种基本配置，其组合使用能够营造出不一样的氛围。

1. 冷光为主、暖光为辅

以冷光作为主光、暖光作为辅助光，两组灯光组合后呈现出来的效果是整体偏冷。冷光作为主光照射在主播身上，主播在直播画面上呈现出来的肤色白皙、透亮；再用暖光作为辅助光进行补光，使光源投射到主播脸颊上，为其增加一抹红晕，让主播看上去更自然。这一类布光减少了色差，较适合服装、彩妆类直播。

2. 暖光为主、冷光为辅

以暖光作为主光、冷光作为辅助光，两组灯光组合后呈现出来的效果是整体偏暖。主播在画面上呈现出来的肤色红润、自然，看着更有亲和力；冷光的辅助使画面更加富有层次。这一类布光较适合美食类直播。

任务实操

子任务 9.2　直播场地布置

（一）任务要求

1. 从硬软装的角度出发，布置直播场地。
2. 填写任务表单。
3. 完成任务主要岗位：运营岗或技术岗。
4. 衔接任务：项目五、项目六中所涉及的子任务，以及本项目的子任务 9.1。

（二）任务表单（见表 9-3）

表 9-3　直播场地布置物资清单

类型	具体物资名称	所需数量	相关参数（大小、颜色、风格等）
硬装			
软装			

（三）任务评价（见表9-4）

表9-4 任务评价考核表

目标达成维度	评价标准	分值	教师评分60%	个人自评20%	小组互评20%
知识和能力目标	物资清单选择科学，能起到美化直播场地的作用	20			
	物资清单内容客观真实	20			
	物资清单归类准确	20			
	展示汇报表述清楚、流畅	20			
素养目标	具备较好的团队协作意识	20			
	总分	100			
	最终得分				

任务3 美化直播场景

任务描述

上一任务我们对直播现场软硬装布置进行了练习，这一任务来学习美化直播场景，也就是美化直播呈现的画面。主播或商品拍摄角度的选择、直播贴片的设计等细节可以为直播效果加分。

知识储备

一、直播镜头设置

（一）画面清晰

对于观众来说，直播间的画面一定要清晰，画面模糊的直播是没有人愿意看的。无论是室内直播还是户外直播，直播间的光线都要保证明亮且均匀，要能看清楚人物脸部的微表情；要对镜头进行相应的设置，调节好白平衡和对比度等，避免因脸部光线太亮导致曝光。一般来说，人物距离镜头越远，直播画面人物的面部表情就会越模糊，此时场控可针对主播的站位进行焦距调整。不过现在很多主播用手机来直播，手机基本都有自动对焦的功能。当主播要展示商品细节时，可以采用切换机位或者靠近摄像头的方式来实现。

（二）主播在屏幕中的位置和比例

在直播画面中，主播走动范围不宜过大，这样拍摄出来的效果会比较好。主播一般位于屏幕画面的中间位置，从人像摄影的角度出发，如果要显得画面空间大、不拥挤，主播可以离镜头稍微远一些，注意头顶上方要有大量留白，呈三分线构图，这样拍摄出来的直播画面更有空间感（见图9-27）。

图9-27 主播在屏幕中的位置和比例

（三）镜头拍摄角度

在直播前要先调试好镜头拍摄的角度，有助于形成精美的构图。如果主播正脸比较好看，那就将镜头对准主播正脸；如果主播侧脸拍摄好看，则可以将镜头侧对着主播，从 30°的角度进行拍摄（见图 9-28）。但注意角度不能太过，否则只能拍到主播身体的一半。另外，还可以采取仰拍的角度进行拍摄，使主播在直播画面中显得身材修长；采取俯拍的角度则可以使主播显脸小且下巴尖。

图 9-28　主播直播面部朝向（微侧）

二、直播贴片设计

（一）直播贴片的含义

直播贴片是一种直播信息展示工具，一般悬浮在直播间场景中，帮助主播更有效地传递关键信息给观众。直播贴片可以是商品信息、个人信息（如姓名、身高、体重）、优惠信息、促销活动、直播议程等内容，使这些信息以可视化的方式展示在直播场景内。

线下门店有一句行话叫"黄金三秒"，即消费者经过门店或货架时，通常只保留 3 秒的注意力。因此，必须在 3 秒内通过"视觉展示"和营销来吸引消费者的注意。直播也是同样的道理，用户在进入直播间那一刻，人（观众）与人（主播）的连接还未形成，这时可以使用包含直播看点、直播间利益点、直播间特色卖点的贴片来吸引用户注意，并产生停留。如图 9-29 所示，某护肤品直播间在上下两端悬挂了关于产品和抽奖的贴片，整体画面显得更加喜庆丰富，同时也让人一目了然。

图 9-29　直播贴片设计

（二）直播贴片设计技巧

1. 贴片数量适中

受手机屏幕限制，贴片数量不能太多，否则会让直播间看起来很乱，还会遮挡直播背景。为了让直播间看起来美观，可以使用 1～3 个贴片，在直播间的顶部、底部和两侧区域来摆放。

直播贴片制作

2. 贴片位置适当

在设置顶部、底部和两侧贴片时，贴片的位置要考虑到不同观看设备的屏幕尺寸差异，需要预留一定的安全区域，从而保证大部分用户可以看到重要信息且不挡住主播。

3. 贴片视觉效果一致

贴片的设计可以采用品牌视觉风格，使用统一的色彩，保持整洁的视觉效果（见图 9-30）。

图 9-30　贴片视觉效果一致

三、虚拟绿幕直播间场景搭建常用软件

（一）直播伴侣

直播伴侣是用于辅助主播进行直播的专业工具，该款软件注重易用性，具有简洁直观的界面和操作流程，使用户能够快速上手（见图 9-31）。它通常针对特定的直播平台（如抖音、快手等）进行画面优化，提供了与该平台紧密集成的功能，如美颜滤镜、弹幕互动、礼物特效等。直播伴侣的功能简单直观，适合新手主播快速上手。

图 9-31 直播伴侣主界面

直播伴侣中,可以通过添加素材,搭建不同的直播场景,在直播中也可以随时切换不同的场景。这些场景可以是静态的图片,也可以是动态的视频。

在直播伴侣中,可以选择不同的摄像头,体现中景、近期、特写等不同机位的变换(见图 9-32)。可设置不同的摄像头参数以调整直播画面效果,也可以进行主播美颜美妆,画面滤镜、特效等参数设置,以及绿幕抠图相关参数。

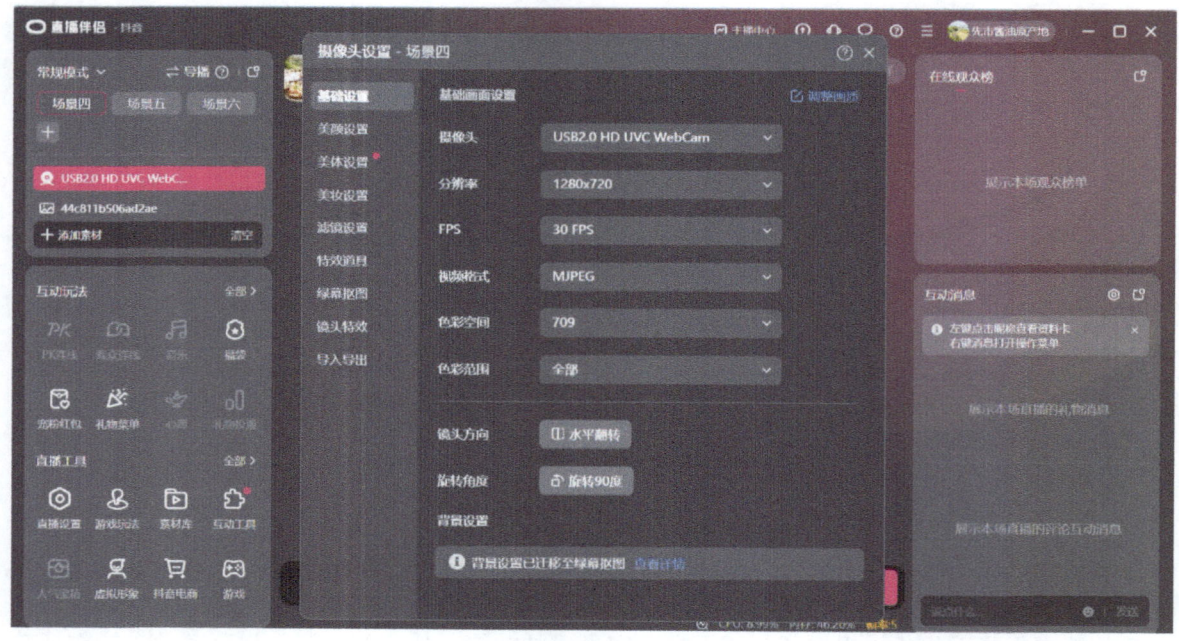

图 9-32 直播伴侣摄像头设置界面

（二）OBS

OBS 是一款开源软件，具有高度的专业性和灵活性。它提供了丰富的设置选项和自定义功能，允许用户根据自己的需求进行精细调整。OBS 支持多平台推流、多场景切换、音频混合等高级功能，广泛应用于游戏直播、在线教育、会议录制等场景。

任务实操

子任务 9.3　直播画面美化

（一）任务要求

1. 设计一组直播贴片，包括主播介绍类、直播福利类、商品信息类三种不同类型。
2. 格式可以是 JPEG、PNG、GIF 等图片或 MP4、WMV、AVI 等平台支持格式，尺寸符合所用平台要求。
3. 讨论后填写任务表单。
4. 完成任务主要岗位：技术岗。
5. 衔接任务：项目五、项目六中所涉及的子任务。

（二）任务表单（见表 9-5）

表 9-5　直播贴片设计信息表

序号	类型	文字信息	配色	格式
1	主播介绍类			
2	直播福利类			
3	商品信息类			

（三）任务评价（见表 9-6）

表 9-6　任务评价考核表

目标达成维度	评价标准	分值	教师评分 60%	个人自评 20%	小组互评 20%
知识和能力目标	直播贴片设计风格一致	10			
	直播贴片设计美观，色彩和图文搭配合理	40			
	直播贴片内容符合类型特点	10			
	直播贴片格式尺寸符合平台要求	10			
	展示汇报表述清楚、流畅	10			
素养目标	具备较好的团队协作意识	20			
	总分	100			
	最终得分				

知识拓展

1. 什么是绿幕直播?

绿幕直播又叫抠像直播、虚拟直播,最初使用在影视拍摄中。在影视和互联网技术发展紧密融合的当下,"绿幕技术"逐渐渗透至各个领域。如今,这样的技术被引入直播行业,直播环境和场景可随意变换出万千景象。技术的升级、5G 的到来,让直播业进入了一个"后直播时代"。

绿幕技术的加入,让直播变得更自由、更随性,免去了很多不必要的麻烦。在场地的选择和创意上,可以有更多的想象空间,如果想去一些现实中无法到达的地方,绿幕技术也能轻松实现。与普通的 LED 相比,绿幕技术让观众有更真实的沉浸式体验。

绿幕直播不受场地环境限制,不受地点限制。只需要一张绿幕、一套设备就可完成绿幕抠图和场景切换。虚拟背景、氛围音乐可直接带动直播氛围,一场直播下来,可以大量节省场地费、搭建费、服务费和人工成本。

在使用绿幕直播时,需要注意以下事项:

(1)无论是哪种绿幕,要避免过多褶皱,不要有暗角。

(2)照射在绿幕的灯光要均匀,否则会造成阴影,导致背景无法去除干净。

(3)主播尽量不要过于靠近绿幕,要保持一定距离,以绿幕上无影子为准。

(4)衣服颜色不能太亮,尽量穿与绿色对比鲜明的深色衣服,不建议穿花哨的衣服。

(5)避免人物与物品快速移动。

2. 什么是 VR 直播?

VR 直播即利用虚拟现实技术,在现实世界中构建一个虚拟的场景,观众可以通过 VR 设备身临其境地体验这个场景,并实现与主播或其他观众的互动交流。

相比传统直播,VR 直播具有以下优势:

(1)沉浸式体验。观众可以通过 VR 设备进入虚拟场景,身临其境地感受主播所处的环境,甚至可以与主播进行互动交流。

(2)场景切换灵活。VR 直播可以通过虚拟现实技术实现场景的自由切换,观众可以根据自己的喜好和需求选择不同的场景观看,提高观看体验的自由度。

(3)交互性强。观众可以通过 VR 设备与主播或其他观众进行互动交流,增强参与感和社交性。

(4)节省成本。传统直播需要大量的场地、设备、人员等投入,VR 直播可以节省这些成本,同时也可以提高直播的质量和效率。

(5)适用范围广泛。VR 直播可以应用于各种场景,如演唱会、体育比赛、游戏比赛、旅游景点等,具有广泛的应用前景。

需要注意的是,VR 直播也存在一些问题,如技术门槛较高、设备价格较贵、观众体验差异大等,只有解决了这些问题才能更好地推广和应用 VR 直播。

3. 什么是 MR 直播?

MR(Mix Reality)即混合现实,是将虚拟现实和增强现实技术相结合,通过数字化和可视化的方式,在现实世界中创造出虚拟的场景和元素。MR 直播则是将 MR 技术和直播相结合,通过数字化和可视化的方式，在直播中呈现出虚拟的场景和元素，使得观众能够更加真实地感受到直播的内容和场景（见图9-33）。

图9-33　MR直播场景

MR直播的主要特点如下：

（1）真实感和实时性。MR直播通过在现实环境中引入虚拟场景信息，增强了用户体验的真实感，同时具有实时互动性，使得观众能够更加真实地感受到直播的内容和场景。

（2）多模态交互。MR直播支持多种交互方式，包括手势、语音、体感等，使得观众能够更加自然地与直播内容进行互动，提高了用户的参与感和沉浸感。

（3）高画质和低延迟。MR直播采用高画质和低延迟的技术手段，使得观众能够更加清晰地看到直播的细节和动态，提高了观看的舒适度和体验感。

（4）个性化和定制化。MR直播可以根据不同的需求和场景，提供个性化的内容和定制化的服务，满足不同用户的需求和偏好。

树德润心

深圳蜂牛科技（Fengniu Technology）有限公司成功开发出多类型且具有极高性价比的PC平台虚拟现实和视景仿真应用系统。公司选择在番禺海鸥岛佳硕农村合作社乡村振兴直播产业示范基地，依托岛上的生态资源，使用虚拟仿真技术设计农耕文化场景，做好乡村文化和岭南文化的融合。虚拟仿真技术把现实场景和虚拟场景混合，可以通过虚拟视觉效果呈现各种农耕体验。为了反复呈现，可以在采摘过程中用虚拟的水果代替真实的水果，水果的采摘是有季节性的，当水果没有成熟的时候，为了前期能够做好直播电商预热引流，可以使用虚拟水果替代真实的水果。为了感受沉浸式水果采摘体验，可以使用虚拟场景的果园和果树，同时可以在直播场景展示水果的 3D 外观、内部结构、成长数据、环境数据等。消费者在直播过程中可以直接和主播互动，有了更多的数据做参考依据，消费者对于农产品能够买得更放心、吃得更开心。

数字化场景直播电商是新起的一种电商运营方式，通过对数字人直播的传播效应以及价值体现进行挖掘，利用数字化场景直播的优势，助力农村数字人直播电商的发展。

习题训练

一、单选题

1. 下列设备可以用于直播摄像的是（　　）。
   A. 摄像头　　　　B. 电脑　　　　C. 手机　　　　D. 以上均正确
2. 直播中最常用的布光法是（　　）。
   A. 三灯布光法　　　　　　　　　B. 伦勃朗布光法
   C. 蝴蝶光布光法　　　　　　　　D. 以上均正确
3. 下列（　　）不属于室内直播的常用设备。
   A. 电脑　　　　B. 直播一体机　　　　C. 云台　　　　D. 声卡
4. 伦勃朗布光法的补光方向为（　　）。
   A. 从主播身下从下往上垂直打光　　B. 主播头顶左或右侧 45°方向往下打光
   C. 从主播头上往下垂直打光　　　　D. 从主播身下左右两侧 45°方向往上打光
5. 娱乐主播在直播时所适宜使用的话筒是（　　）。
   A. 什么话筒都可以　　　　　　　B. 动圈话筒
   C. 电容话筒　　　　　　　　　　D. 以上均正确

二、判断题

1. 如果想让主播看起来显高，摄像头的拍摄方位应该是仰拍。（　　）
2. 在布置直播主光源时，位置一定要正对直播。（　　）
3. 如果是直播美食，采取的补光主光源以暖色为宜。（　　）
4. 如果是直播美妆，采取的补光主光源以暖色为宜。（　　）
5. 室内直播所用的网络，如果有无线的网络，优先安排无线网络，比有线网络稳定性更好一些。（　　）

三、案例分析题

东方甄选的爆火离不开直播间场景的设计

一边带货、一边教英语，3 天时间涨粉超百万，单场销售额破千万。入局直播带货半年时间，东方甄选的"流量密码"离不开直播间场景的设计。

想要直播间设计充满个性，通过巧妙的布局和配色，呈现出独特的空间感。这种独特性吸引了大量观众，也使直播间在众多同类中脱颖而出。直播间场景打造的核心是创造空间美感，而在东方甄选的直播间中，这种美感被充分挖掘。观众通过屏幕感受到的不仅是直播内容，更是一种舒适、温馨的空间体验，这对于留住观众至关重要。东方甄选户外自然直播场景如图 9-34 所示。

图 9-34 东方甄选户外自然直播场景

首先在镜头方面，拒绝枯燥乏味的单一镜头，东方甄选直播间采用了多机位导播，便于主播在双语直播带货过程中随时切换模式。当讲解产品或英语单词时，特写镜头切换近距离展现，让观众实时捕捉重要信息，同时，右上角展示中景画中画，画面层次感十足；其余环节则用全景镜头突出直播间产品陈列，镜头内容之间衔接流畅。

其次，在东方甄选直播间，凸显直播间专属权益的贴片清晰可见，譬如顶部的贴片除了告示观众当晚核心主题，还会放置小黄车提示信息，引导观众点击。底部则提示售后入口，整个直播间功能区域划分非常清楚。简洁明了的贴片信息展示，还可以减少主播重复话术。

最后，在主播直播讲解过程中，直播间内会提前准备一些小道具辅助主播讲解。针对直播中主播对产品的额外知识讲解，主播会实时拿起提前准备的小黑板转变成"知识带货"模式。另外，当产品过款时，放置在桌前右下方的平板会实时切换产品卖点和说明，降低粉丝下单的决策成本，细节部分直接拉满。可以看出，虽然东方甄选直播间依靠"双语直播"的特色卖货形式出圈，但其本质仍然没有脱离直播带货"人货场"合一的底层逻辑。

思考：结合本任务所学，总结东方甄选直播间场景搭建的技巧。

项目十

测试直播后台和实施直播，流量变现步步为营

学习目标

知识目标

◎ 熟悉直播后台测试入口和直播前、中、后的操作步骤
◎ 掌握直播前准备工作内容
◎ 理解直播实施过程各环节要点

能力目标

◎ 能熟练操作直播后台
◎ 能完成直播前的准备工作
◎ 能把握直播实施要点，灵活应对直播中发生的各类问题，顺利完成直播

素质目标

◎ 增强循序渐进、稳扎稳打的工匠精神
◎ 培养团队协作意识
◎ 培养知行合一的学习态度

赛证对接

网络直播运营职业技能等级标准

版本：2021年1.0版
制定方：中广协广告信息文化传播有限责任公司
职业技能等级：中级

工作领域	工作任务	职业技能要求
1. 直播运营	1.1 直播间氛围设计、节奏把控	1.1.1 能根据直播主题和相关热点制造话题，营造氛围，提升观众互动频次，与观众产生共情 1.1.2 能根据直播的流程和脚本，结合直播间氛围，开展抽奖、秒杀、福利赠送等暖场活动 1.1.3 掌握电子商务数据分析基础知识，对直播中产生的数据及时登记反馈 1.1.4 具备网络直播镜头表现及情绪感染力 1.1.5 坚持信息传播的正确导向，弘扬优秀传统文化
	1.3 直播突发事件应急处理	1.3.1 能根据直播现场情况预判可能发生的危机，运用危机应对方法，启动相应预案，有效处理直播中断、产品链接失效、产品优惠错误和黑粉恶评等突发事件 1.3.3 具备法律意识和风险意识，以及对一般性事件的风险控制能力 1.3.4 具备透析复杂问题的思维和应变能力

任务 1　测试直播后台

任务描述

直播前的准备工作是很重要的，并且步骤也相对烦琐。提前测试直播后台，是确保一场直播顺利开展的前提条件，也是场控岗位人员的关键技能。这一任务我们就来学习如何测试直播后台。

知识储备

一、测试直播后台的意义

测试直播后台，一是确保货品数量、类型、直播链接等要素准确无误。如果是以上架精选联盟平台商品的方式带货，则需要提前查看确认，确保选择的商品链接能够正常打开。如果是自己的店铺商品，则需要做好前期商品上架，编辑好详情页面，设置好各项参数，调整好库存数量。二是不同直播平台的后台操作要求不一样，直播运营和场控等岗位一定要提前熟悉。后台操作虽然不算复杂，但类型较多，如货品上下架、场景切换、发布视频、发起互动、数据监测、付费投流等，要想灵活应用，就需要多练习、多测试，提前布局直播商品和玩法，设置好相关参数，开展全员演练，确保主播、副播、助理、场控等岗位间的默契配合。

二、测试微信视频号、抖音直播后台

（一）测试微信视频号直播后台

打开微信视频号直播主界面后，需要填写直播主题，选择直播封面图、直播分类、直播模式、发红包的群，以及标记所在位置（见图10-1）。部分工作需要前期完成，例如选择直播中发放红包的微信群，如果一开始没有选定，平台无法实现直播中再选，只能中断直播。另外，还需要设置画面、音乐、商品和抽奖等。

测试直播后台

在直播模式中，有公开、部分可见、付费可见、彩排这几种类型（见图10-2）。新人在刚开始接触直播时，各方面技能表现还不成熟，建议选择彩排模式，即在小范围（微信群）内进行直播模拟训练，平台不会将直播间引入公域流量，耐挫性相对较高。

在微信视频号直播中，虽然规则和功能相对抖音简单一些，但常用的直播功能还是具备的。图10-3所示为抽奖活动设置界面。

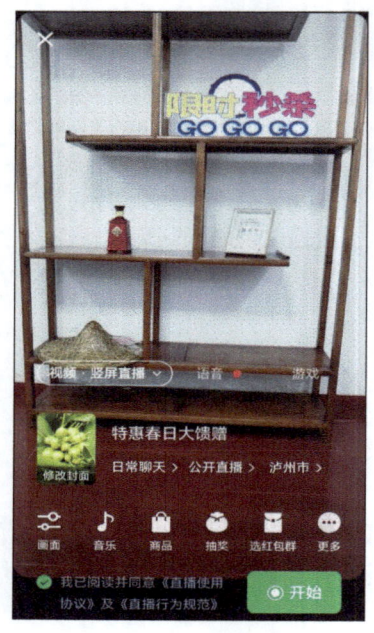

图10-1　微信视频号开播设置界面

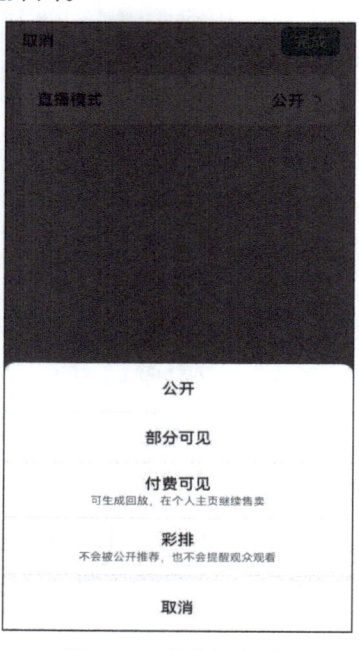

图10-2　微信视频号直播模式

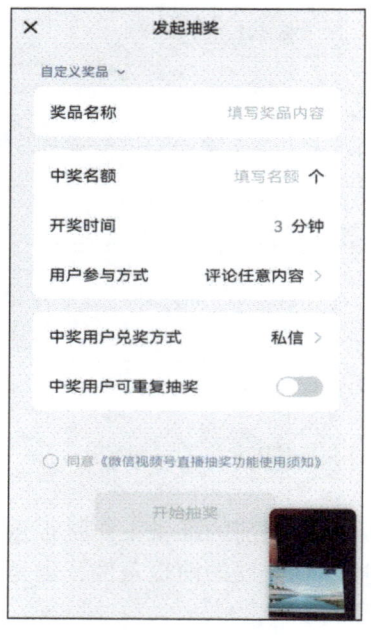

图10-3　微信视频号抽奖活动设置界面

（二）测试抖音直播后台

1. 登录抖音直播操作后台

达人在直播时可以通过手机后台操作，虽然方便，但功能并不齐全，操作界面也比较小，所以一般建议用电脑操作后台。登录抖音电脑版首页，网址为https://www.douyin.com，单击右上角"登录"，弹窗提示扫码登录、验证码登录和密码登录三种方式，如图10-4所示。

单击网页左下角"业务合作"，在下拉菜单中选择"抖音电商"，进入图10-5所示的界面。

将鼠标移至网页右上方"登录"处，在下拉菜单中选择"达人工作台"，进入图10-6所示的界面。如果选择"商家工作台"，就是进入抖音小店的操作后台。

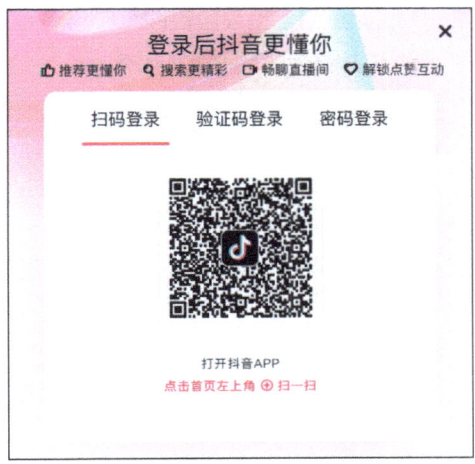

图 10-4　抖音账号登录提示弹窗

图 10-5　抖音电商首页

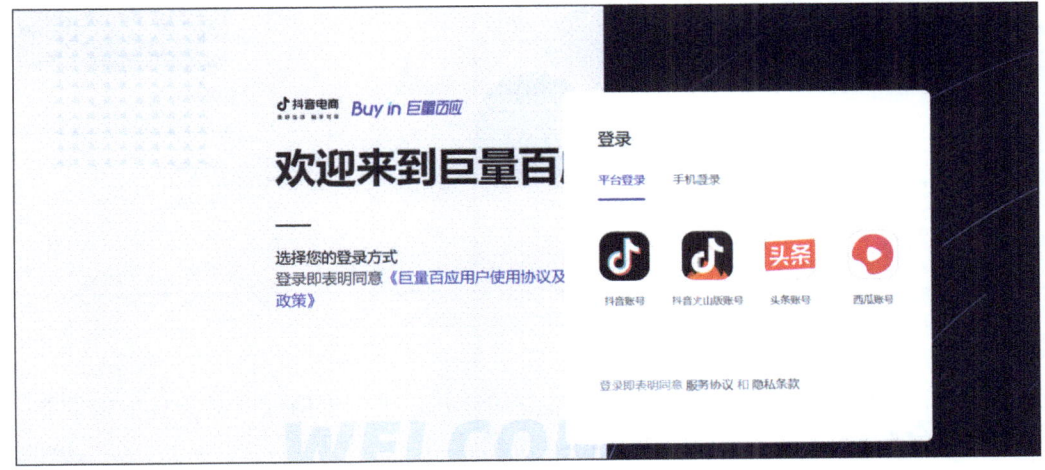

图 10-6　抖音电商巨量百应登录提示界面

单击图 10-6 所示界面中的"抖音账号",打开手机端抖音 App 扫描二维码,进入巨量百应操作界面,如图 10-7 所示。也可以用手机验证码方式登录。

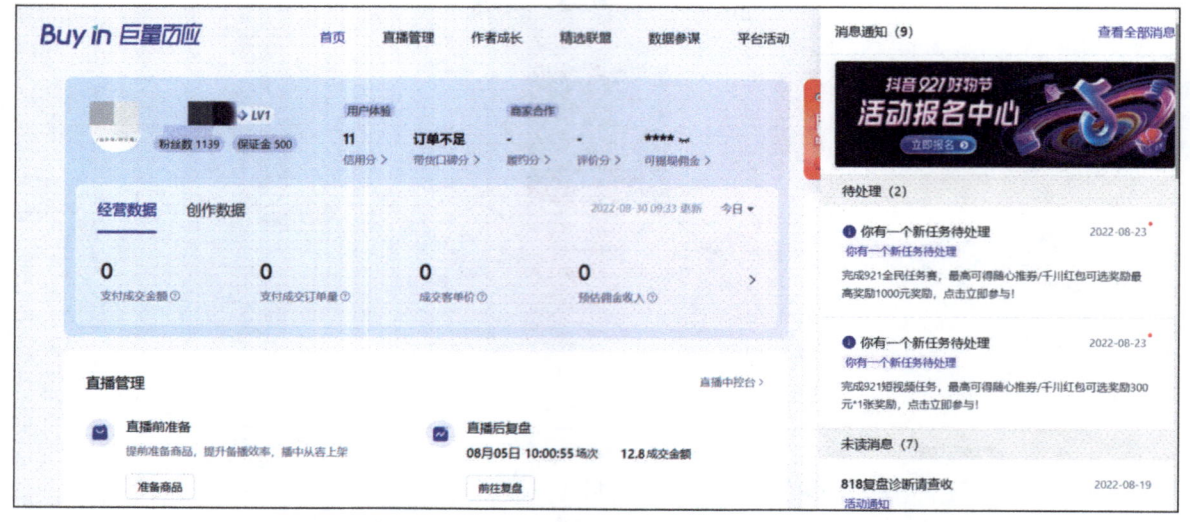

图 10-7　巨量百应操作界面

2. 抖音直播后台管理

在标准化的直播团队中,直播后台一般由运营或场控进行操作。单击巨量百应界面上方的"直播管理",进入直播中控台的操作界面,如图 10-8 所示。

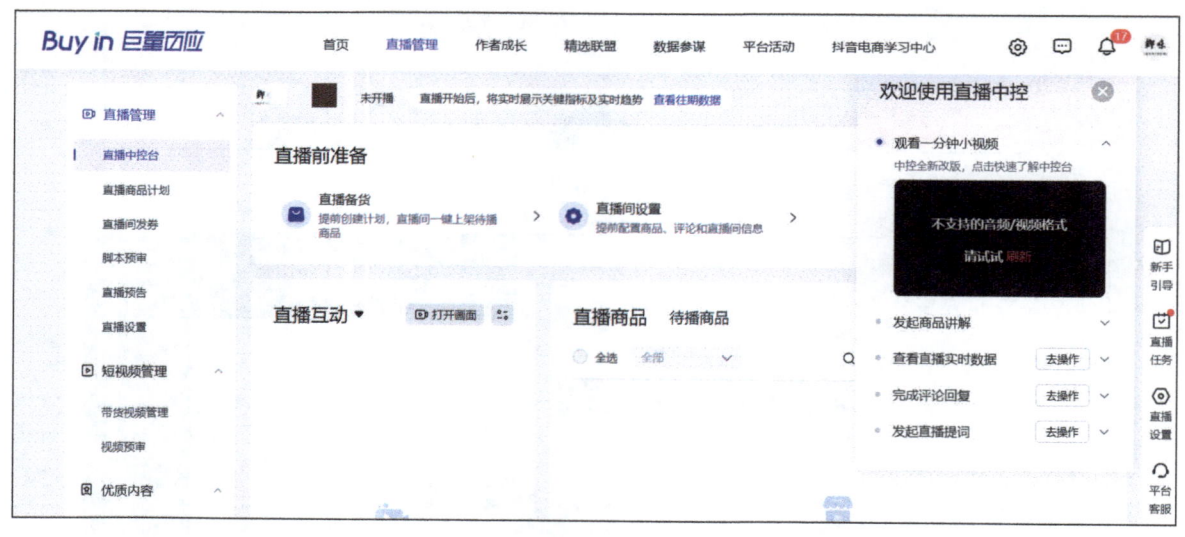

图 10-8　巨量百应直播中控台操作界面

(1)直播前。开始直播前,可以创建直播商品计划,进行直播前商品信息编辑准备,方便直播时将商品挂到直播间小黄车中,如图 10-9 所示。

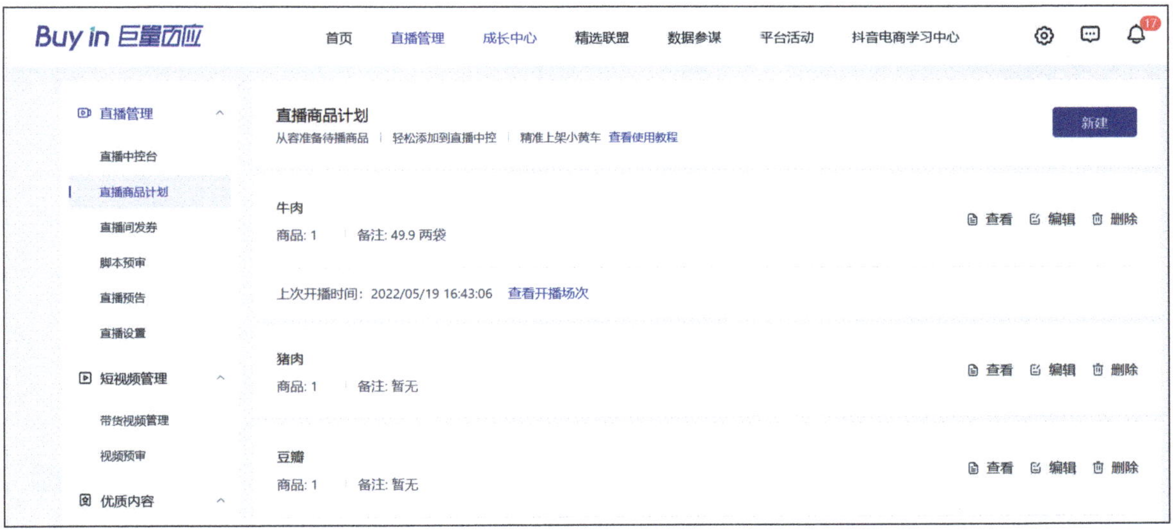

图 10-9 巨量百应直播商品计划操作界面

单击图 10-9 中每款商品右侧的"编辑",再单击"商品列表"下面"待播商品"旁的"添加商品",会显示图 10-10 所示的弹窗。其中,"橱窗商品"是指已经挂到达人橱窗中的商品,"我的店铺"商品是指已经挂到抖音小店的商品,"商品链接"是指选择复制精选联盟平台上的其他抖音店铺商品链接。

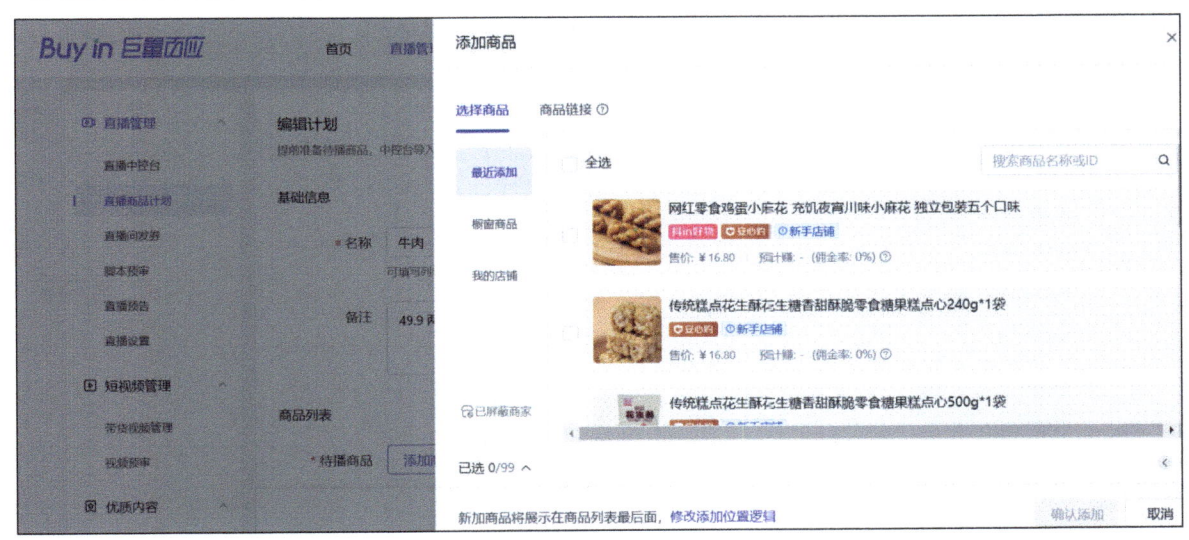

图 10-10 抖音电商巨量百应达人工作台添加商品操作界面

如果直播中有一些活动玩法,可在抖音小店后台和直播中控台"营销管理"下拉菜单"红包管理""主播券管理""超级福袋"中提前设置。抖音后台营销功能基本都要在账号等级达到 LV1 后才能实施。

要实现后台发放红包,需要先在账户中充值,然后在"红包管理"中设置红包信息、红包状态、红包类型、投放时间等(见图 10-11)。

图 10-11　巨量百应红包管理操作界面

要实现后台发放主播券，需要先在账户中充值，然后在"主播券管理"中设置主播券信息、主播券状态、主播券类型（主要有商品满减券和商品直减券两种类型）等（见图 10-12）。

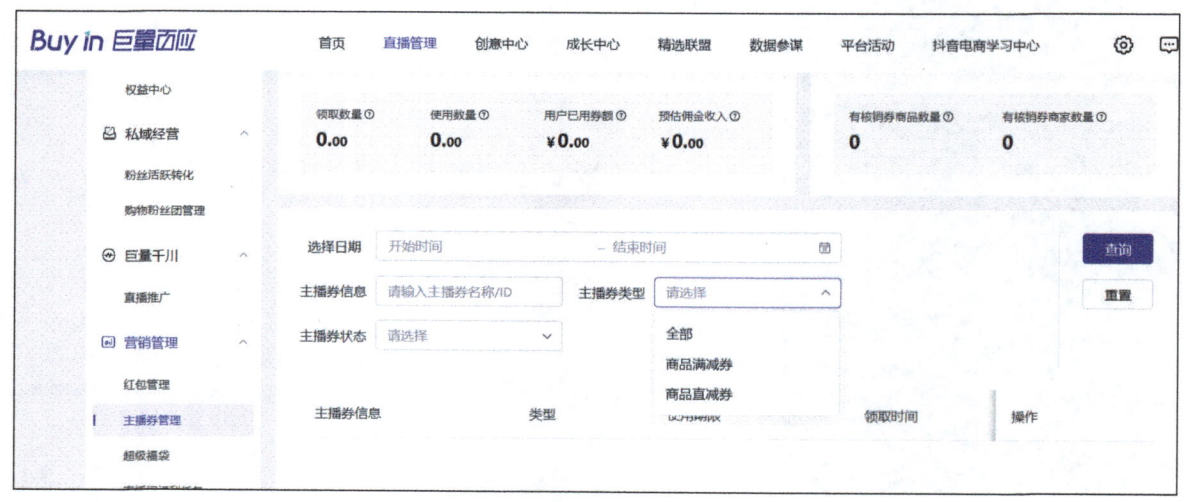

图 10-12　巨量百应主播券管理操作界面

超级福袋是一种很受欢迎的营销手段，操作简单，易于让用户停留在直播间持续关注。主播团队可借助用户对福袋的关注，设置参与福袋活动条件（见图 10-13），引导用户发起活动，完成任务（见图 10-14）。

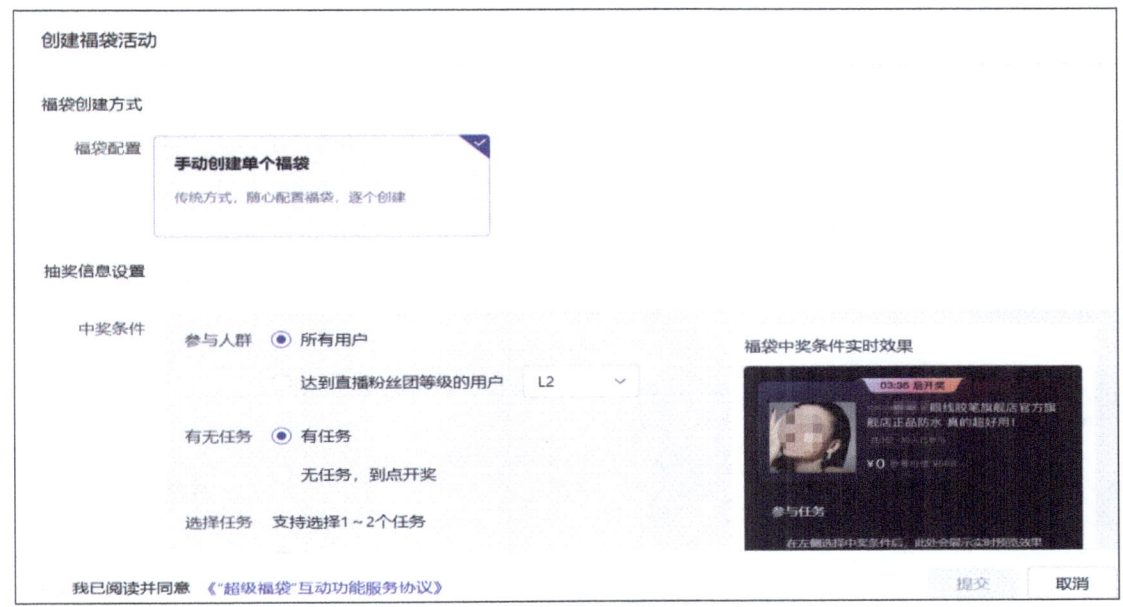

图 10-13 巨量百应超级福袋操作界面

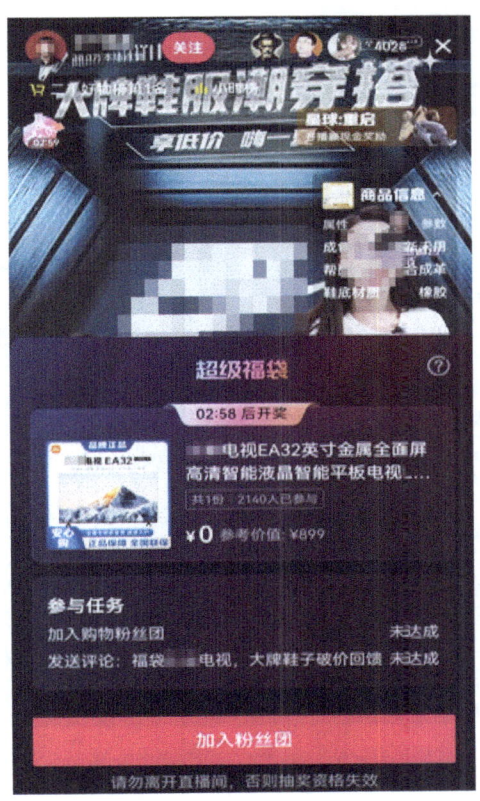

图 10-14 抖音超级福袋界面

（2）直播中。在手机或电脑上开始直播后，在"直播互动"处下拉会出现直播的实时画面，这样后台可以看到直播间屏幕呈现的实际画面。但是由于显示的实际画面可能会和实际直播过程有少许时间滞后或卡顿，因此一般场控桌上需要多放一两部手机，以便观测手机端实时直播画面。

直播中，除了主播和副播（助理），场控也需要随时观测直播数据变化，并将数据变化情况现场告知主播和助理，或自行通过发起弹幕或口播的方式引导用户互动或点击下单。打开右上方"大屏监控"（见图10-15），可显示"罗盘达人"界面（见图10-16），同步查看直播实时数据变化。

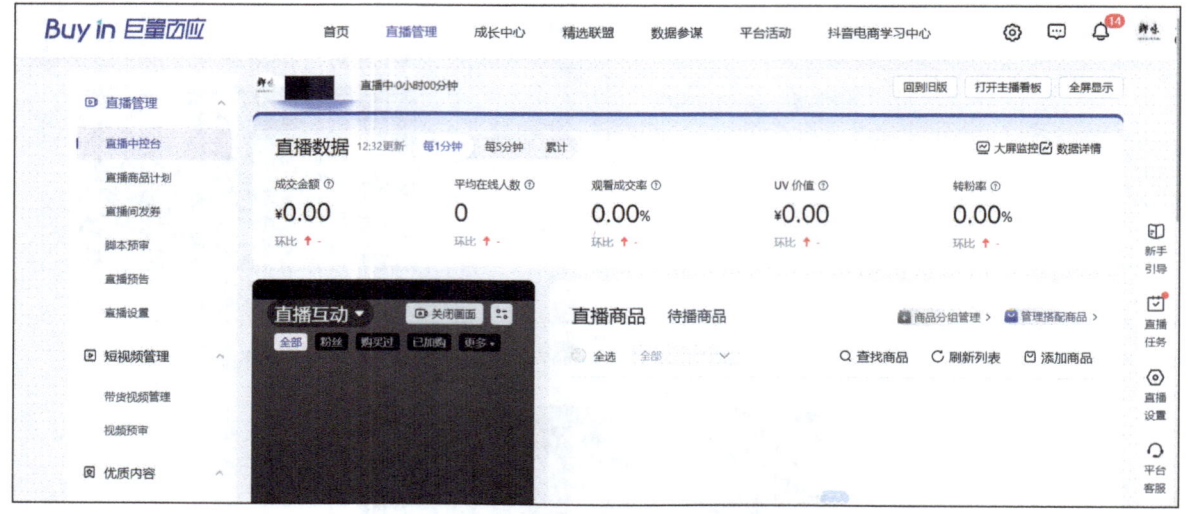

图10-15 巨量百应大屏监控界面

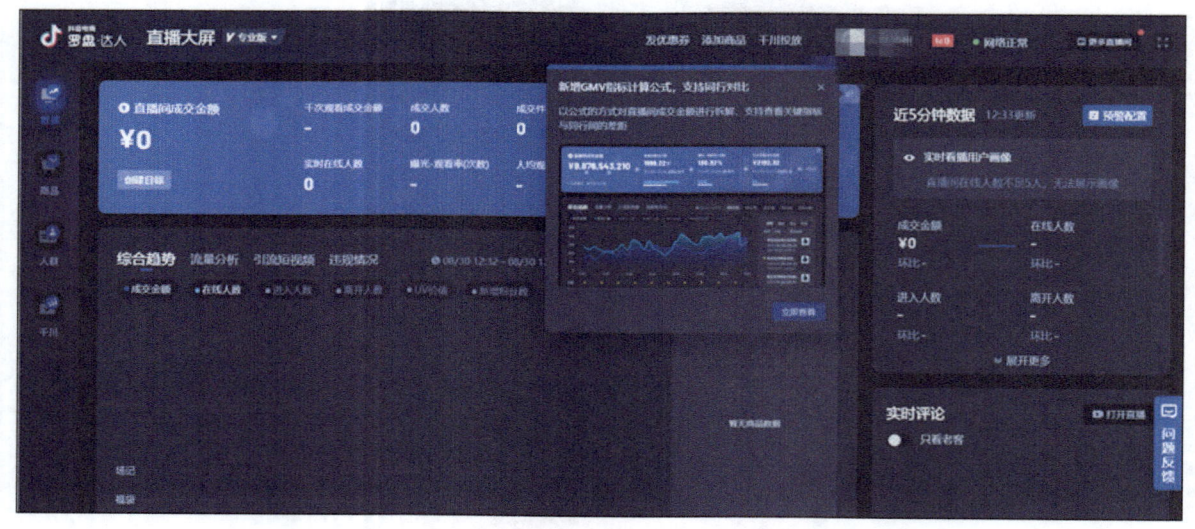

图10-16 巨量百应罗盘达人界面

另外，场控还开展调整商品链接顺序、编辑卖点、点击讲解、商品上下架等基本操作。

（3）直播后。直播结束后，可单击电脑屏幕上方"数据参谋"，查阅主要的直播数据（见图10-17），以便复盘分析。

图 10-17 巨量百应数据参谋界面

> 任务实操

子任务 10.1　直播后台测试

（一）任务要求

1. 测试直播后台，团队演练。
2. 主要任务列举：调整桌椅设备位置、调试灯光、设置开播画面、直播后台操作（上下架商品、编辑商品卖点、点击讲解、修改库存），手持商品出镜完成任意一段操作（含直播讲解、举道具牌、弹幕互动等）。
3. 小组全体成员参与，时间为每组10分钟左右。
4. 演练后将各岗位表现填写在任务表单。
5. 主要负责岗位：场控岗。
6. 衔接任务：项目五、项目六、项目九中的相关子项目。

（二）任务表单（见表10-1）

表 10-1　直播后台测试和团队演练评价表

任务	负责岗位	完成情况和存在的问题	备注
调整桌椅设备位置	助理		
调试灯光	助理		
设备开播画面	场控或助理		
直播后台操作（上下架商品、编辑商品卖点、点击讲解、修改库存）	场控		
手持商品出镜讲解	主播、副播		
举道具牌、弹幕互动	助理		

（三）任务评价（见表10-2）

表10-2　任务评价考核表

目标达成维度	评价标准	分值	教师评分 60%	个人自评 20%	小组互评 20%
知识和能力目标	直播后台测试和团队演练评价表内容完整丰富	20			
	岗位分工明确，了解职责	20			
	各岗位操作得当、熟练	40			
素养目标	具备较好的团队协作意识	20			
总分		100			
最终得分					

任务2　准备和实施直播

任务描述

直播前，运营团队需要比照准备工作清单逐项核对，做好各项准备工作。接下来就是实施直播了，在直播过程中，经常会出现一些突发状况，需要随机应变，灵活处理。这一任务就来训练直播的准备和实施。

知识储备

一、直播前准备工作

一场直播前，一般要做好以下四个方面的准备工作：

直播前准备

（一）货品准备

货品主要指直播样品、陈列用品和待发库存。直播中介绍商品应持样品进行讲解介绍，没有样品的商品介绍是苍白无力的，因此，挂上直播间链接的产品都需要准备好样品，并且熟悉样品的各项信息。直播中陈列用品也需要提前备好。待发库存数量的预估和准备也是很重要的，如果库存准备不足，用户下单后不能及时发货，引起用户大量退款行为，将会受到平台的处罚，导致店铺评分和权重的降低。同时，主播要提前熟悉样品功能和操作方式，能够在现场正确使用样品，避免出现尴尬场面。另外，商品链接的提前准备也是非常重要的，无论是精选联盟还是抖音小店商品，要提前查看，确保能用且对应商品和数量正确。如果商品信息有变动，主播就需要及时调整话术。

（二）场地和设施准备

场地方面，直播分为室内直播和户外直播。户外直播的不确定性更大一些，需要提前做好预案，以防出现突发状况。场地准备需要注意的事项如下：

（1）室内用电通畅；如果是户外，则需要准备好提前充满电的充电宝。

（2）室内场地隔音效果好，或周围环境较安静；户外直播环境不宜嘈杂。

（3）室内网络顺畅、不卡顿；如果是户外直播，有时还需要提前准备好上网卡。

（4）桌面、背景墙、侧方屏幕可见空间等的布置，要干净整洁、主题明确，做到用户一见即懂。

（5）灯光柔和，照明和打光效果佳。

（6）直播设备要提前准备和调试，确保能正常使用，包括电脑、手机、摄像头、支架、声卡话筒、绿幕、一体机等。其中，直播用的电脑、手机或摄像头是最为重要的，配置要高，镜头要提前擦拭干净。手机直播，开播前要设置来电拦截，以免有外来电话进入引起直播中断；其他应用（如微信等）也要关闭通知和震动。

（7）提前准备辅助道具，包括计时器、小黑板、提词器等展示商品属性所需道具和活跃现场气氛所需道具等。

（三）人员准备

人员准备方面，一是分工明确、通力协作。标准化的直播现场一般由运营、主播、副播、助理、场控等人员构成，各个岗位需要明确自身职责，熟悉工作流程和标准规范。大型直播活动前还需要通过彩排让团队成员都能熟悉脚本，了解直播商品，测试直播场景，相互磨合，更好地开展合作。二是主播、副播等的形象设计，特别情况下需要专门打造主播的形象，包括妆容、服饰、道具、口头禅等，与直播主题和账号定位相互匹配更佳。

（四）其他准备

其他准备主要包括活动的预热准备和其他资料的准备。活动预热准备，例如发布宣传预告短视频在相应平台上，或者以图文或视频形式发布到其他平台上引流。需要把这些素材提前制作出来，在恰当的时间发布。活动的方案、脚本、话术等基本资料都需要提前准备好，让团队中每一个成员都心中有数。直播中如果涉及发放红包、抽奖、连麦等玩法，一定要做好对接准备，确保顺利实施。直播前准备清单见表10-3。

表10-3 直播前准备清单

货品准备	直播样品	
	陈列用品	
	待发库存	
	商品链接	
场地和设施准备	场地位置，安静程度	
	用电情况	
	网络设置	
	桌面、背景墙、侧方屏幕可见空间等布置	
	灯光	
	直播设备（电脑、手机、摄像头、支架、声卡、话筒、绿幕、一体机等）	
	辅助道具	
	直播画面亮度、清晰度	
人员准备	团队分工	
	主播、副播形象设计	

(续)

其他准备	活动预热	
	脚本话术	
	玩法准备	
	开播封面图、标题、切片素材	
	直播间欢迎词等快捷短语	
	引流短视频宣传	

二、直播开播设置

直播开播前，需要对直播封面、直播主题、直播内容、直播画面和直播功能进行精心设置，每一处都会对流量的吸引产生一定影响。图10-18所示为抖音直播开播设置界面。

"翻转"是指前后摄像头的变换。

"美化和道具"是指运用平台自带的一些美颜功能或道具牌，如磨皮美妆等，增强直播美感或趣味性。

"商品"是指放入直播间购物车中的商品。

"小程序"是指将平台中的一些小程序挂到直播间进行推广。

"游戏推广"是指将平台上的一些游戏挂到直播间进行推广。

"活动区"是指直播中参与平台活动的区域。

"上热门"是指运用平台工具给直播间付费投放流量，可以帮助直播间快速增加曝光度，吸引更多观众。

"分享"是指把直播链接转发给好友。

"团购"是指通过团购选品把团购商品链接挂到直播间，进行销售。

"付费直播"是指设置付费直播选项，例如观看3分钟后开始收费。

"任务"是指直播过程中完成一定的平台任务。

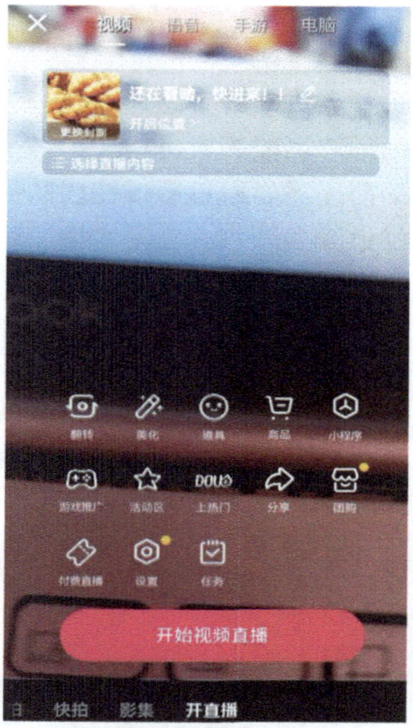

图10-18 抖音直播开播设置界面

三、直播过程中的常见问题

在直播过程中，容易出现一些突发情况，如果处理得当，就能快速化险为夷。作为直播运营团队成员，需要知晓表10-4所列的这些常见问题并掌握相应的处理技巧。

表10-4 直播过程中的常见问题

直播中常出现的问题	问题描述	处理措施和效果
视频效果不佳	视频卡顿、模糊、质量不佳	确保良好的网络连接：直播前，检查网络连接速度和稳定性；选择高速、稳定的网络环境直播；使用合适的设备和摄像头，确保使用设备和摄像头具有良好的拍摄和传输画质；适当调整视频帧率和分辨率，减少传输压力；直播中及时排查，启动备用设备

（续）

直播中常出现的问题	问题描述	处理措施和效果
音频效果不佳	声音过大、过小，声音不清楚，噪声大	在直播开始前，进行音频调试，并调整音频设备参数；使用高质量、适合直播用的麦克风，确保良好的麦克风设置，将麦克风放置在合适位置，并设置恰当的音量和灵敏度；使用降噪麦克风或音频处理设备来降低噪声干扰；直播中及时排查，启动备用设备
互动不活跃	观众互动不活跃，如无人发言、不回应，缺乏参与感	营造积极互动氛围，引导参与讨论或发表观点，并及时回复；发起互动玩法，如抽奖、发红包、投票等，调动积极性，增强直播趣味性
技术故障	直播中可能遇到技术故障，如软件崩溃、连接中断或直播平台问题等	预先测试直播设备，直播开始前进行系统和平台调试，确保正常使用，并检查直播平台的稳定性；准备备用设备和方案，以应对可能出现的故障；遇到技术故障，应及时反应和处理，可暂停直播尽快处理，以免粉丝大量流失
用户问题刁钻	直播间弹幕出现一些特殊状况，如唱反调、打广告、随意调侃、尺度过大	主播需要具备良好的心理素质，遇事保持冷静；主播说话前先思考，学会换位思考；遇到随意调侃的话题时，要学会转移话题；遇到打广告的，先善意提醒，若不听劝，可禁言或踢出直播间
直播数据异常	直播间出现数据异常，实际数据与期望值差异过大或数据出现过大过小的极端情况	直播全程关注核心数据指标，如场观、流量来源、成交量等；场控或运营需要及时反应，调整节奏，或提醒主播及时调整话术应对变化

树德润心

从羊毛衫假货事件，看危机公关的处理原则

2020年12月15日下午，交个朋友直播间发出公告称直播售出的部分羊毛衫为假货。公告中表示，该羊毛衫的供货商涉嫌伪造文书、伪造假冒伪劣商品、蓄意欺诈，已向公安机关报案，并表明作为该产品的代理销售方，在向供货方维权索赔的同时，即刻起，联系所有购买该产品的消费者，代为进行三倍赔付。

2020年11月28日，交个朋友直播间销售了一批××品牌羊毛衫。商品售出后，有消费者反馈，他们在收货后怀疑收到的衣服不是纯羊毛，是假货。直播间回收了五件，分别送到两家专业机构检测。12月15日下午，得到的其中一家的检测结果是，送检产品为非羊毛制品。随后就有了直播间主动打假这一事件。对于直播售假事件，不同的公关手段造成的结果大不一样主动出击让交个朋友直播间在此次事件中处于了有利位置。承认所售羊毛衫为假货，是负责任、诚信、坦荡的体现。

当出现问题的时候，我们要积极主动地把问题弄清楚并解决，这样才能更好地维护自己的品牌口碑，而不是一味地说：

"仓库发错货了。"

"新来的员工不熟练操作。"

"我们没有责任，都是生产厂家的责任。"

"我们就是个带货的，专业知识我们不懂，也不是我们发货，谁卖的谁负责。"

"你们可以去起诉，但不关我们的事。"

思考：结合本任务所学，谈谈直播电商危机公关处理的原则。

危机公关具体是指机构或企业为避免或者减轻危机所带来的严重损害和威胁，有组织、有计划地学习、制定和实施一系列管理措施和应对策略，包括危机的规避、控制、解决以及危机解决后的复兴等。公关危机有以下几个原则：承担责任原则、真诚沟通原则、速度第一原则、系统运行原则、权威证实原则。在全球化和信息化的时代，企业面临的危机事件越来越多，危机公关的能力和水平也越来越成为企业的核心竞争力之一。因此，企业需要加强危机公关的建设和培训，提高危机应对能力和水平，为企业的长期发展和可持续性打下坚实的基础。直播运营团队只有掌握较好危机公关处理能力，才能游刃有余地面对各种突发情况，确保直播间的稳定高效运行。

> **任务实操**

子任务 10.2　直播准备和实施

（一）任务要求

1. 在前期工作基础上，直播前一周至前一小时，对照表 10-3 逐项核对，确保全部准备到位。
2. 直播实施。团队成员需要全体到场，合理分工，各司其职。
3. 直播时注意收集照片和视频的现场拍摄、屏幕录制等，直播后制作一个 2 分钟视频，课堂总结时播放使用。
4. 直播时注意实时数据的收集和直播数据总览，思考直播复盘思路和优化建议，整理直播中出现的问题和处理，填写任务表单。
5. 衔接任务：子任务 10.1。

（二）任务表单（见表 10-5、表 10-6）

表 10-5　直播前准备清单

货品准备	直播样品	
	陈列用品	
	待发库存	
	商品链接	
场地和设施准备	场地位置、安静程度	
	用电情况	
	网络设置	
	桌面、背景墙、侧方屏幕可见空间等布置	
	灯光	
	直播设备（电脑、手机、摄像头、支架、声卡、话筒、绿幕、一体机等）	
	辅助道具	
	直播画面亮度、清晰度	
人员准备	团队分工	
	主播、副播形象设计	
其他准备	活动预热	
	脚本话术	
	玩法准备	
	开播封面图、标题、切片素材	
	直播间欢迎词等快捷短语	
	引流短视频宣传	

表 10-6　直播过程中常见状况分析表

问题	问题描述	处理技巧
□视频效果不佳	如视频卡顿、模糊、质量不佳 具体描述：	
□音频效果不佳	如声音过大、过小，声音不清楚，噪声大 具体描述：	
□互动不活跃	观众互动不活跃，如无人发言、不回应、缺乏参与感 具体描述：	
□技术故障	直播中可能遇到技术故障，如软件崩溃、连接中断或直播平台问题等 具体描述：	
□用户问题刁钻	直播间弹幕出现一些特殊状况，如唱反调、打广告、随意调侃、尺度过大 具体描述：	
□直播数据异常	直播间出现数据异常，实际数据与期望值差异过大或数据出现过大过小的极端情况 具体描述：	

（三）任务评价（见表 10-7）

表 10-7　任务评价考核表

目标达成维度	评价标准	分值	教师评分 60%	个人自评 20%	小组互评 20%
知识和能力目标	直播准备全面，直播前准备清单填写完整	20			
	直播过程中常见状况分析表内容完整丰富	20			
	直播实施常见状况分析到位，处理恰当	20			
	2 分钟直播视频完成情况较好	20			
素养目标	具有较好的团队协作意识	20			
	总分	100			
	最终得分				

知识拓展

什么是巨量百应？

巨量百应是字节跳动旗下基于短视频/直播内容分享商品场景，汇聚并连接各作者、商家、机构服务商的综合商品分享管理平台。其目的是提升抖音电商运营和直播带货效率。

巨量百应支持的用户类型如下：

（1）抖音/头条/抖音火山版的达人（需开通商品分享权限）。

（2）机构服务商（指管理达人的各个 MCN 机构）。

（3）小店联盟商家（指具有小店精选联盟权限的商家）。

（4）合作商家（指没有入驻小店，但被邀请合作的外部商家）。

（5）电商平台（指与抖音对接的各个电商平台）。

巨量百应的四大管理功能如下：

（1）橱窗商品管理：支持的商品来源包括小店、京东、淘宝、考拉、唯品会、苏宁、网易严选、洋码头，同时还支持置顶、更新、移除商品（以便于管理操作）。

（2）直播间商铺管理：支持达人在直播前、直播中通过电脑进行商品的添加、删除、调序、讲解（以便于管理操作）。

（3）数据中心：帮助运营者查看自己账号整体的交易数据情况（及时发现数据异常的问题）。

（4）直播数据：支持查看每场直播各个维度的详细数据，帮助达人更清楚地分析每次直播的表现。但是，巨量百应仅支持查看自身的直播数据。

习题训练

一、单选题

1. 下列属于直播中场控工作职责的是（　　）。
   A．调整链接顺序　　B．上下架商品　　C．点击讲解　　D．以上均正确
2. 关于抖音账号后台登录的方式，下列描述正确的是（　　）。
   A．扫码登录　　　　B．验证码登录　　C．密码登录　　　D．以上均正确
3. 如果你是以一个达人的身份为某品牌直播带货，那么需要点击进入抖音电商中的（　　）。
   A．商家工作台　　　　　　　　　　B．达人工作台
   C．达人机构工作台　　　　　　　　D．商家服务商工作台
4. 如果你想以商家身份登录抖音小店后台，那么需要点击进入抖音电商中的（　　）。
   A．商家工作台　　　　　　　　　　B．达人工作台
   C．达人机构工作台　　　　　　　　D．商家服务商工作台
5. 关于直播场景布置，下列表述不正确的是（　　）。
   A．干净整洁　　　B．重点突出　　　C．美轮美奂　　　D．有吸引力

二、判断题

1. 用手机直播时，一般要设置来电拦截，以免有外来电话进入引起直播中断。（　　）
2. 开启直播时，美颜和滤镜一般都要开启。（　　）
3. 抖音直播时必须要用到巨量百应平台。（　　）
4. 直播场地最好选择热闹的地方，人气更高。（　　）
5. 抖音直播不能在直播间挂淘宝的商品链接。（　　）

项目十一
复盘分析,优化直播

学习目标

知识目标

◎ 了解直播复盘数据来源渠道和数据分析思路
◎ 掌握直播数据分析常见指标
◎ 掌握直播复盘总结优化关键点

能力目标

◎ 能够从不同的渠道查找直播数据并开展分析
◎ 能够进行复盘总结,并提出优化改进措施

素质目标

◎ 培养数据敏感度,提升工匠精神
◎ 培养知行合一的学习态度
◎ 培养团队协作意识

赛证对接

网络直播运营职业技能等级标准

版本：2021 年 1.0 版
制定方：中广协广告信息文化传播有限责任公司
职业技能等级：中级

工作领域	工作任务	职业技能要求
3. 流量运营	3.5 直播数据分析及复盘	3.5.1 能统计直播间产品浏览量、订单量、销售额、库存剩余、客单价、营销费用等业绩数据，并能进行计算分析 ROI 指标，保障直播效果 3.5.2 能对网络直播活动数据指标异常进行判断，并现场指挥协调网络直播团队快速处置突发事件 3.5.3 能根据统计数据对直播效果做出判断并制订改进方案，在活动结束后做好复盘、总结话术、节奏和情绪声音 3.5.4 能利用第三方平台监测直播舆情数据 3.5.5 能与团队成员协作完成工作

任务 1　了解直播复盘数据来源和分析常用指标

任务描述

　　一场直播结束后，需要获取过程性和结果性的数据并进行分析，作为下一步优化改进的依据。我们将在这一任务中对此进行训练。

知识储备

一、直播间数据分析复盘的重要性

1. 发现规律、使工作流程化

　　在直播的时候，运营团队用到的一些技巧或者方法，有时可以起到事半功倍的效果。但是这些方法并不是唯一的，也不是固定的，需要不断摸索，找出规律。通过复盘回顾，可以找到最适合自己的直播方式，让整个直播间的工作更加流程化。

2. 纠正错误、避免继续犯错

　　通过复盘，会发现直播中存在错误的地方，把这些出错的部分记录下来，进行改正优化，下次就能避免发生同样的问题，使每一次直播效果都比上一次更好，将经验转化为能力。

二、直播间数据分析基本思路

　　首先需要搞清楚直播间数据分析的基本思路，按照时间先后顺序分为四个步骤，如图 11-1 所示。

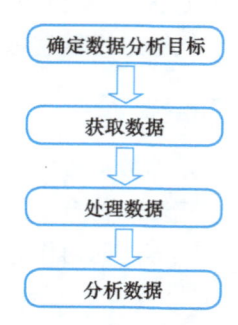

图 11-1　直播间数据分析思路

（一）确定数据分析目标

要进行直播间数据分析，首先要明确数据分析的目标。通常来说，直播间数据分析的目标主要有以下几个方面：

（1）了解直播数据总体状况。

（2）寻找直播数据波动的原因，数据上升或下降都属于数据波动。

（3）通过数据分析，寻找优化直播内容、提升直播效果的方案。

（二）获取数据

一般来说，在分析数据时主要考虑两个方面：一是实时数据；二是直播数据汇总。实时数据主要可从平台工具巨量百应获取，而直播数据汇总的渠道来源有三种（以抖音为例）：一种是抖音直播账号后台，一种是平台提供的免费数据分析工具，还有一种是第三方数据分析工具。

（三）处理数据

1. 数据修正

首先需要对搜集来的数据进行排查，发现异常数据，然后对其进行修正，以保证数据的准确性和有效性，从而保证数据分析结果的科学性和可参考性。

2. 数据计算

数据计算包括数据求和、平均数计算、比例计算、趋势分析等。为了提高工作效率，团队可以使用 Excel 的相关功能对数据进行计算。

（四）分析数据

1. 对比分析法

对比分析包括数据的横向对比和纵向对比。横向对比主要是指直播间数据与同行账号、对标账号之间的对比。纵向对比主要是指根据时间的不同，比较自身在不同时期的表现。

2. 特殊事件分析法

如果出现了特殊事件，例如举办了重大活动，或行业出台了重大政策，就会对直播相关数据造成较大影响。因此，需要单独分析特殊事件对直播数据的影响。

需要注意的是，直播间数据分析是一个持续的过程，需要不断监控和调整。通过定期的数据分析和总结，可以不断提升直播间的运营效果和用户满意度。

三、获取直播复盘数据

（一）直播实时数据

直播过程中，运营和场控人员需要监测直播间每五分钟的人气和销量数据变化情况。图 11-2 为巨量百应直播实时数据大屏，右上方的曲线图反映的是进入直播间人数、离开直播间人数和实时在线人数等主要人气数据变化情况，左下方反映的是直播间的流量来源和订单来源。

直播复盘
数据来源

图 11-2　巨量百应直播实时数据大屏

（二）直播数据汇总

直播后的数据汇总主要通过以下三种途径：

1. 账号后台

下面以抖音为例，介绍直播数据的获取方式。

（1）通过 PC 端账号后台查看数据。登录抖音电脑端—右上角"投稿"—下拉"创作者服务中心"—左边"直播数据"，可以展示数据总览和单场数据两个模块内容（见图 11-3）。

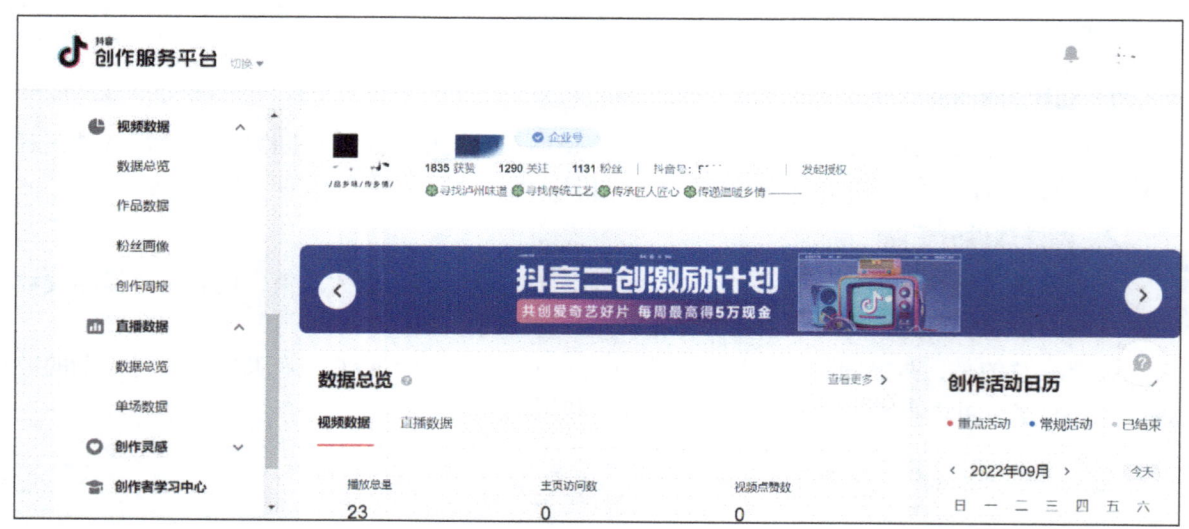

图 11-3　电脑端抖音账号后台界面

（2）通过直播平台 App 查看数据。登录抖音 App—主页"直播动态"—主播中心—数据中心，可以展示数据总览、直播场次、粉丝分析等指标（见图 11-4）。

项目十一 复盘分析，优化直播

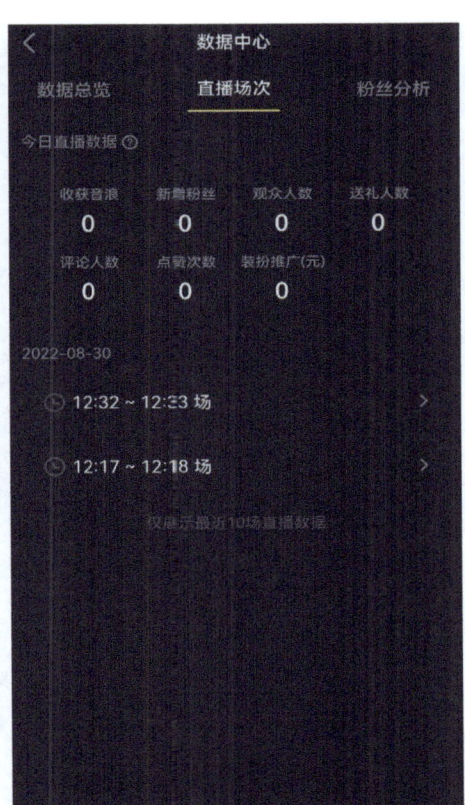

图 11-4 手机端抖音账号后台界面

2. 平台提供的数据分析工具

进入抖音账号巨量百应后台，进入"数据参谋"版块，可以查看直播数据（见图 11-5）。抖音罗盘达人直播大屏显示的数据最为详细，可以查看一场直播的综合趋势、流量分析、违规情况等（见图 11-6）。

图 11-5 巨量百应直播数据分析界面

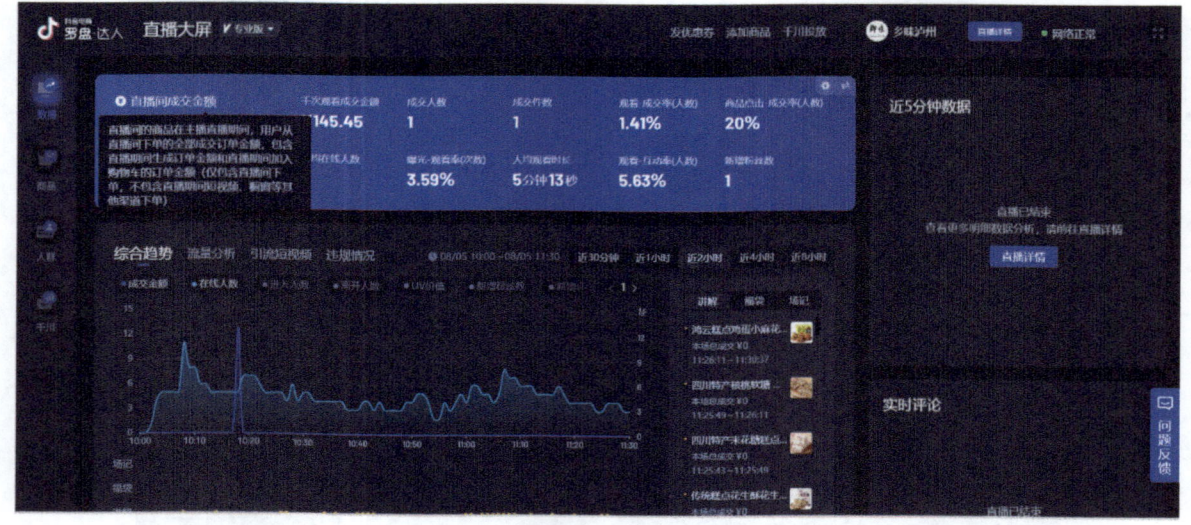

图 11-6 抖音罗盘达人直播大屏界面

3. 第三方数据分析工具

直播数据还可以从一些第三方数据分析工具处获取，数据更详细、专业，不过一般都需要额外收费。常用的分析工具有飞瓜数据和蝉妈妈。

四、直播间数据分析常用指标

直播间数据常用指标有四类，分别是粉丝画像数据指标，人气、流量、互动数据指标，转化数据指标和直播带货数据指标。

（一）粉丝画像数据指标

粉丝画像数据指标可以从以下几个方面来分析：

（1）粉丝活跃时间。粉丝活跃时间是指粉丝在某个时间段内的活跃度，可以通过观察粉丝的在线时间、访问时间、留言评论时间等来分析。

（2）粉丝性别年龄。通过分析粉丝的性别年龄分布，可以了解目标用户群体的情况，从而进行精准营销。

（3）粉丝兴趣类型。通过分析粉丝的兴趣类型，可以了解粉丝的喜好和关注点，从而进行内容定向推送。

（4）粉丝地域分布。通过分析粉丝的地域分布，可以了解目标用户群体所在的地理位置，从而进行地域定向营销。

（5）粉丝购买力。通过分析粉丝的购买力，可以了解粉丝的消费习惯和购买能力，从而进行精准推送和个性化服务。

通过对粉丝画像数据的分析，可以帮助商家更好地了解自己的粉丝群体，制定更加精准的营销策略，提高营销效果。

（二）人气、流量、互动数据指标

这一类指标是衡量一个直播间表现的重要参考，会直接影响平台流量的推送。

这一类指标具体包括观众总数、实时在线人数、人气峰值、平均停留（观看）时长、粉丝团人数、新增粉丝数、新增关注数、分享次数、弹幕总数、弹幕人数等。其中，实时在线人数和人气峰值两个数据决定了直播间的人气，数值太低就没有变现盈利的可能，一般平均在线50人以上才有直播带货的变现能力。平均停留（观看）时长反映的是内容吸引力。平均停留时间越长，说明观众对直播间的兴趣越大，这一般取决于选品能力和主播留人能力。一般直播间的平均停留时长在30～60秒，而好的直播间的平均停留时长在2分钟以上，这就需要好的选品技巧以及主播的个人魅力。

同时，还要关注比率。如果想要知道直播间的新粉转化能力，就要看直播转化新粉的占比，直播转化新粉占比＝新增粉丝/观众总数。如果还想要知道该直播间的互动情况，则可以看评论互动率，评论互动率＝评论人数/观众总数。

（三）转化数据指标

1. 浏览互动数据

浏览互动数据主要是指商品展示次数、橱窗小黄车点击访问次数和商品详情页访问次数。直播时，巨量百应后台商品链接处需要点击"商品"讲解，并且一次点击仅会显示10秒，因此后台需要人工不断点击，或购买智能中控工具，在直播封面和直播内页才会不断展现，才能不断吸引用户点击商品。用户进入直播间后，如果对主播讲解的商品感兴趣，可能会点击"讲解"，跳出讲解商品详情页面，或点击屏幕下方小黄车，浏览商品列表。

2. 引导转化数据

引导转化数据主要是下单转化率。用户如果产生了购买欲望，在浏览的基础上就会点击下单，但是下单不一定会付款。完整的流程是需要完成最后一步"付款"。带货转化率＝下单人数/总场观人数，带货转化率的行业平均水平在1%左右，好的主播能做到3%。

直播团队需要对转化数据进行分析。假如一场直播中，商品展示100次，商品点击0次。这说明没有用户进行点击，由此可推断直播间内主播的引导力或者货品的吸引力不足，更深的原因可能是账号的粉丝定位与直播间的电商产品不匹配。比如，账号的女性粉丝比较多，但是直播间推荐的产品是男性用品，如剃须刀、汽车用品等，那么商品点击次数就不会高。

（四）直播带货数据指标

直播带货数据指标包括直播时长、直播次数、交易额、订单笔数、订单量、音浪收入、千次观看成交金额（即1000人观看直播产生的价值）、UV价值（即进入直播间的每一个访客带来的价值，等于销售额/访客数）。交易额、订单笔数、订单量、音浪收入、千次观看成交金额和UV价值，这些指标的数值越高越好。其中，UV价值代表每个观众对直播间的贡献值，高UV价值也表示粉丝拥有极强的购买能力，可以用更好的高利润产品深挖粉丝的消费潜力。直播间的UV价值中位数在1左右，好的直播间的UV价值可以达到3～5，甚至最高的场次可以到10以上，精准粉丝的引入是高UV价值的决定性因素。

五、直播间数据复盘实用方法

直播间复盘是指在直播结束后对直播过程进行回顾和总结，以评估直播效果、发现问题和制定改进策略。

（一）直播数据回顾

回顾直播的观看次数、观众互动次数、引导转化次数等数据，了解直播的效果和观众反馈。回忆式复盘很容易发生主播、运营和场控互相扯皮事件，一直解决不了问题。比较好的复盘方式是通过回看直播录像，结合实时数据变化，从团队配合、流量节奏、商品转化三个维度，综合进行"人、货、场"分析。例如，在直播间某时段内，直播间在线人数稳步上升，就可以拖动光标，查看当时的视频画面、弹幕和各维度数据，分析原因，并且还可以下载回放录像，发给主播、投手、运营等单独复盘。

例如，某直播间讲解同一款产品，但是时段 1 和时段 2，主播用了不同的话术，导致商品有不同的曝光和转化，见表 11–1。通过数据可以看到，时段 2 的曝光和转化高于时段 1。可以结合直播录像，回放这两段商品讲解视频，找到原因，对高转化时段的讲解话术和节奏特点及时复盘总结，建立专属的引导话术，在之后的直播中复用。

表 11-1 某直播间复盘数据分析

时间段	曝光人数（人）	曝光点击率	商品订单量（件）	付款人数（人）	点击付款率
时段 1	473	37.42%	16	16	9.04%
时段 2	419	42.24%	20	20	10.73%

（二）观众反馈分析

分析观众评论、弹幕等反馈信息，了解观众对直播的看法和建议，以及对直播内容的关注点和情绪，及时调整和改进直播策略。首先是关键词分析，分析评论关键词及其出现频率，了解用户对产品的关注点和热点，可以有针对性地提升产品的关注度和用户满意度。例如，分析一个美妆博主直播间的评论和弹幕，通过确定出现评论中最高的关键词，了解观众兴趣，可以为商品的营销和宣传提供策略。其次是情感分析，分析用户在评论和弹幕中表达的情感倾向，了解用户的态度、情感和情绪，从而改善产品和服务。例如，通过词性分析，可以发现正面评价、中性评价、负面评价的比例，帮助我们了解用户的整体满意度情况。同时，分析评价和哪些词语关联度较高。此外，还可以进行用户画像分析，了解用户的年龄、性别、职业和兴趣爱好等信息，对产品的定位和推广也具有重要作用。例如，通过对某直播间用户评论和弹幕数据的分析，发现该平台的学生用户数量较多，因此可以推出更符合年轻群体用户需求的内容。最后是竞品分析，分析用户在评论和弹幕中提到的竞品数据的频次，了解竞品的优劣之处，从而更好地制定产品竞争策略。了解用户对竞品的评价和选择产品的考虑因素，定位核心竞品，同时为自己的产品提供一些改进思路。

六、直播复盘需要关注的十大核心数据

1. 整场交易总额（Gross Merchandise Volume，GMV）

GMV 即总销售额，是电商行业中的重要指标，能够反映直播间的带货能力和销售能力，是直播团队和电商平台最重要的考核指标之一，也是衡量主播带货能力的最重要考核指标。

2. 千次观看成交金额（Gross Percentage of Multiples，GPM）

$$GPM = GMV \times 1000 / 总观看次数（PV）$$

GPM 是电商行业中的一个重要指标，它可以反映电商平台的商品销售能力和经营管理水平。通常来说，GPM 越高，说明商品销售能力和经营管理水平越好。同时，GPM 也可以用来衡量电商平台的收益水平。通过提高 GPM，电商平台的收益水平也可以得到提升。

3. 投入产出比（Return on Investment，ROI）

$$ROI = 销售额 / 单场投入成本费用$$

ROI 是指投入产出比，又称投资回报率，是衡量直播营销效果的重要指标之一。它反映了投入直播营销的资源和所获得的收益之间的关系。举例来说，假设单场直播成本为坑位费 1 万元 +

投放 3 万元，若想 ROI 达到 2∶1，则产品销售额至少要达到 8 万元。直播间的 ROI 比例越高，盈利空间就越大。

影响直播间 ROI 的因素有很多，包括直播间定位、目标受众、商品类型、营销策略、主播表现等。可以通过精准定位目标受众、提供有吸引力的内容、营造良好的用户体验、合理运用直播带货等方式来提高直播营销的效果。

4. 客单价——每个客户带来的成交金额

客单价 =GMV/ 成交人数

客单价往往与所售卖商品与直播间观众人群有关。定期关注客单价的波动，可以帮助主播了解客户的购买力，从而调整卖货话术、直播选品、带货节奏和商品组合。

例如：高客单价直播间往往面对高端客户群体，主播可以更多地强调品质、财富标志等；低客单价直播间往往面对下沉市场消费群体，主播可以更多地强调性价比。

5. UV 价值（Unique Visitor Value）

UV 价值 =GMV/ 直播场观

UV 价值越高，代表单个用户对直播间的价值贡献越大。相对地，UV 价值越高，平台也会更愿意给这样的直播间推流。因此，UV 价值对于直播团队而言是一个重要指标。

6. 点击率（Click-Through-Rate，CTR）

点击率 = 直播间点击数 / 直播间页面展示

点击率越高，曝光率就越高，场观就越高。高 CTR 决定着流量的获取能力，因此点击率对直播间是十分重要的。

影响点击率的关键因素有：直播间直播观感，直播间标题、文案，主播的表现力、话术，所售卖的商品。想要改善点击率，可以从以上几个方面改进。

7. 直播间商品转化率（CVR）

直播间商品转化率 = 直播间的成交量 / 浏览量

直播的最终目的是促成转化。某种意义上，转化率比点击率更为重要，因为它反映了有多少观众真正有意愿付费购买商品。

影响转化率的关键因素有：直播选品、商品组合、商品单价、控场节奏、逼单话术。想要改善转化率，可以从以上五个方面改进。

8. 直播间人均在线时长

直播间人均在线时长是衡量主播控场能力的重要指标之一。

影响直播间人均在线时长的关键因素有直播间标签是否精准、场景是否吸引人、互动体验感如何、话术是否能留住人等。直播间想要提升人均在线时长，就需要精炼话术。可以参考高流量主播的经典话术。

9. 直播间平均在线人数（ATV）

直播间平均在线人数体现了直播间的平均人气，是衡量主播某个阶段人气指标的重要因素。

影响直播间平均在线人数的关键因素有是否添加了热门话题标签、互动效果如何、能否持续提供优质内容、社交媒体推广效果等。一般来说，直播间在线人数会随着直播间粉丝数量的积累而逐步增长。

10. 人气峰值——单场直播中最高人气巅峰数据

关注人气峰值的前后片段，进行录屏复盘，可以帮助主播逐渐掌握卖货节奏、积累直播金句，了解自己直播间的人气规律。

> **任务实操**

子任务 11.1　直播数据获取和分析

（一）任务要求

1. 在上场直播结束后，从不同来源分析直播各数据表现。
2. 填写任务表单。
3. 完成任务主要岗位：运营岗。
4. 衔接任务：子任务 10.2。

（二）任务表单（见表 11-2）

表 11-2　复盘数据表

数据类型	数据名称	数值表现	上场直播同类数据	分析比较
直播实时数据				
直播汇总数据	人群画像类指标			
	人气类指标			
	转化类指标			
	带货类指标			

（三）任务评价（见表 11-3）

表 11-3　任务评价考核表

目标达成维度	评价标准	分值	教师评分 60%	个人自评 20%	小组互评 20%
知识和能力目标	复盘数据表内容完整丰富	15			
	复盘数据表内容客观真实	15			
	复盘数据表数据归类准确	20			
	复盘数据表比较分析恰当	20			
	展示汇报表述清楚、流畅	10			
素养目标	具备较好的团队协作意识	20			
	总分	100			
	最终得分				

任务 2　总结优化复盘直播

任务描述

在完成直播数据分析后，对于表现较好、较差或异常的数据，需要进一步分析存在的机会和问题，提出对策和建议。数据复盘不是终点，总结改进优化策略才是目的。我们将在这一任务中对此进行训练。

知识储备

一、直播复盘常见问题分析

对直播数据进行复盘，还要同团队各岗位人员行为相结合，思考行为上的改进对策，复盘才能真正落地。表11-4分岗位列举了一些常见的问题。

表 11-4　直播复盘分岗位常见问题分析

岗位	复盘常见问题
主播	在线人数激增时无法承接流量、直播间节奏出现偏差、"黑粉"出现时的临场反应、粉丝提出专业问题无法及时回答、产品介绍卖点错误且混乱、直播间号召力差、催单逼单能力弱等
副播或助理	激情不足无法调起直播间氛围、与主播配合不佳、产品细节展示不清晰、问题回答或者解决不及时、传递道具错误等
场控	产品上镜没有特点、预估直播数据出现偏差、上下架问题操作失误、库存数量修改错误、优惠券发放不及时、逼单催单气氛营造不够、声音不够洪亮、直播中突发状况无法做出有效判断、实时问题出现后没有进行记录等
运营	前期选品和定价对用户缺乏吸引力、直播间场景搭建粗糙、主播选择不当等

二、直播间复盘总结优化

在直播数据和常见问题结合分析的基础上，结合"人、货、场"三个维度，提出优化建议。

树德润心

伊利品牌抖音直播数据复盘

伊利集团是中国规模较大、产品品类较全的乳制品企业，曾为2008年北京奥运会和2010年上海世博会供应商。布局抖音兴趣电商渠道是其重要的战略举措。在抖音平台上，伊利建立账号矩阵，在伊利主品牌账号下绑定了五个直播账号：@伊利官方旗舰店，@金领冠，@伊利奶粉之家，@伊利牛奶旗舰店，@伊利奶酪。

伊利抖音日常的直播运营中，最重要的分析就是监控每场直播的关键指标，对直播进行复盘，找到不足之处并进行优化。

通过对6月9日和6月6日的两场直播进行对比复盘，发现尽管6月9日的观看人次比6

月6日多30%，但销售额却只有58%。通过对比互动率、点击转化率和购买转化率等指标，发现6月9日的互动率只有6月6日的24%。

针对互动率较低的问题，可以通过发放福袋的方式来提高直播间的活跃度。通过对比两场直播发放福袋的次数，发现6月9日送福袋的次数比6月6日少了50%。此外，福袋的吸引力也可能影响互动率，通过对比福袋的参与人数，发现6月9日的参与率整体比6月6日少50%～80%。

通过直播数据复盘，伊利找到了6月9日直播购买转化率下降的原因，并在之后的直播中采取了优化对策，取得了较好的效果。

> 任务实操

子任务 11.2　直播复盘总结优化

（一）任务要求

1. 小组在直播数据分析的基础上，分岗位查找问题，提出优化措施。
2. 填写任务表单。
3. 完成任务主要岗位：运营岗。
4. 衔接任务：子任务 11.1。

（二）任务表单（见表 11-5）

表 11-5　直播复盘总结优化分析表

类型	具体项目	具体表现	机会或问题	改进优化
货品	货品性价比			
	与账号匹配度			
	货品丰富度			
	货品受欢迎度			
直播场景布置	设施设备效果			
	是否有吸引力			
	与账号和直播商品匹配度			
预热、玩法、促销	预热效果			
	玩法和促销吸引力			
主播表现	主播台风、话术			
团队表现	任务分工合理性、团队配合度			
直播成果	人气数据和销售数据			
	总结			

（三）任务评价（见表 11-6）

表 11-6　任务评价考核表

目标达成维度	评价标准	分值	教师评分 60%	个人自评 20%	小组互评 20%
知识和能力目标	优化分析表内容完整丰富	20			
	优化分析表问题查找准确	20			
	优化分析表优化建议针对性强	20			
	展示汇报表述清楚、流畅	20			
素养目标	具备较好的团队协作意识	20			
	总分	100			
	最终得分				

知识拓展

什么是蝉妈妈？

蝉妈妈是厦门蝉羽网络科技有限公司旗下品牌，是国内知名的抖音、小红书数据分析服务平台，致力于帮助国内众多的达人、机构、品牌主和商家通过大数据精准营销，实现"品效合一"。平台提供爆品、达人、直播间短视频专业数据分析（见图 11-7），是直播数据查询、运营及广告投放效果监控的专业工具，下设有抖音分析平台、小红书分析平台、蝉妈妈场控、蝉妈妈精选等模块。蝉妈妈的主要功能如下：

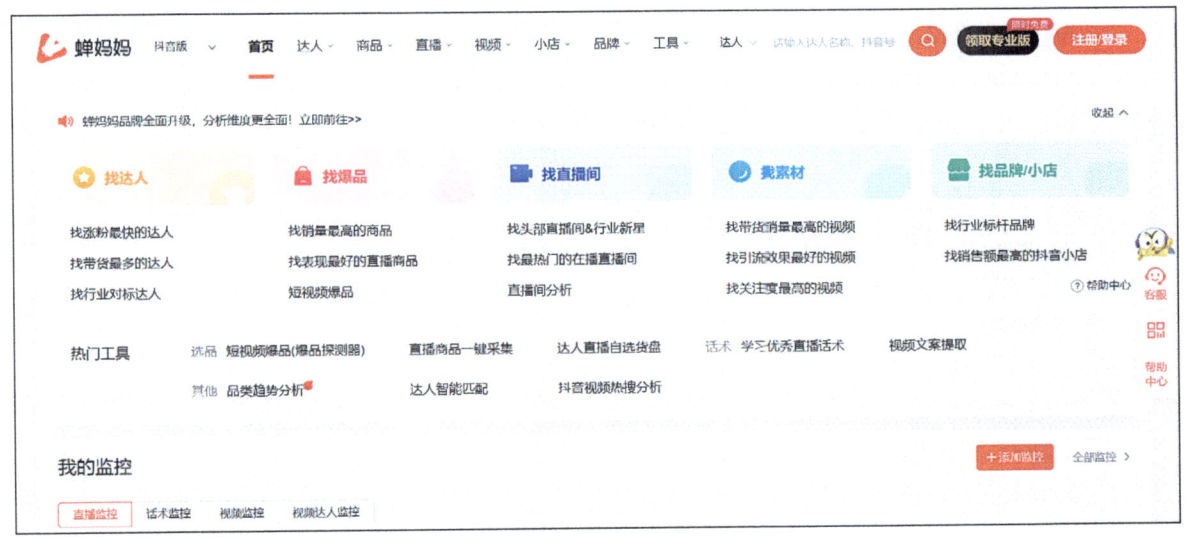

图 11-7　蝉妈妈直播数据分析首页

（1）抖音直播数据分析：提供实时直播数据监测、直播销量、销售额等数据分析，帮助商家和直播达人了解直播表现。

（2）短视频数据分析：提供短视频作品的数据分析，包括点赞数、评论数、分享数等，帮助达人了解短视频表现。

（3）商品销售数据分析：提供商品的销售数据和趋势分析，帮助商家了解商品销售情况，制定销售策略。

（4）品牌数据分析：提供品牌的关注度、声量、口碑等数据分析，帮助品牌主了解品牌表现。

（5）潜在客户挖掘：根据用户画像和搜索记录，挖掘潜在的客户，帮助商家拓展销售渠道。

（6）达人账号推荐：根据达人类型和粉丝画像，推荐合适的达人账号，帮助商家和达人建立合作。

（7）广告投放数据分析：提供广告投放的效果分析和优化建议，帮助商家降低投放成本和提高转化率。

蝉妈妈适用于抖音、快手、小红书等多个平台，提供免费试用服务，适用于品牌、商家、广告代理商等多种类型用户。

习题训练

一、单选题

1. 关于抖音直播数据获取的渠道，下列表述最为正确、全面的是（　　　）。
   A. 抖音账号后台　　　　　　　　B. 巨量百应
   C. 第三方数据分析平台　　　　　D. 以上均正确
2. （　　　）入口可以最详细地了解抖音直播实时数据的变化。
   A. 电脑端抖音直播账号后台　　　B. 巨量百应数据分析大屏
   C. 巨量百应后台主页　　　　　　D. 手机端抖音直播账号后台
3. 下面（　　　）不是抖音中的人气、流量、互动数据指标。
   A. 实时在线人数　　　　　　　　B. 平均观看时长
   C. 商品讲解点击次数　　　　　　D. 新增粉丝数
4. 下面（　　　）不是抖音中的带货数据指标。
   A. GMV　　　　　　　　　　　　B. 发起弹幕次数
   C. 音浪收入　　　　　　　　　　D. 千次观看成交金额
5. 进入直播间的每一个访客带来的价值，英文缩写为（　　　）。
   A. GMV　　　B. ROI　　　C. UV　　　D. PV

二、判断题

1. 不是每一场直播结束后都需要做复盘总结。（　　　）
2. 一场直播中，用户发起的弹幕次数不是很重要，只要销售额高就可以。（　　　）
3. 直播商品详情页面的设计很重要，将影响商品的成交转化率。（　　　）
4. 抖音直播时，如果直播间人少、比较冷清，主播可以休息一会儿，等直播间观众多起来再进行介绍。（　　　）
5. 直播数据分析的思路包括确定目标、寻找数据来源、数据处理和数据分析四个步骤。（　　　）

参 考 文 献

[1] 徐骏骅，陈郁青，宋文正. 直播营销与运营[M]. 北京：人民邮电出版社，2021.
[2] 直播商学院. 直播电商轻松学[M]. 北京：化学工业出版社，2021.
[3] 游昌乔. 反败为胜：如何建立有效的危机管理体系[M]. 北京：中国水利水电出版社，2007.
[4] 艾瑞咨询. 2023年中国企业直播应用标准发展与研究报告[R/OL].（2023-03-22）[2024-09-17]. https://www.idigital.com.cn/report/detail?id=4153.
[5] 飞瓜数据. 2022年短视频及直播营销年度报告[R/OL].（2023-02-01）[2024-09-17]. https://www.feigua.cn/article/detail/680.html.